愛国心とは何か

貝塚茂樹
Shigeki Kaizuka

はじめに

実は私は「愛国心」という言葉があまり好きではない――。

文章をこう切り出したのは作家の三島由紀夫です。三島といえば、1970（昭和45）年に自衛隊市ヶ谷駐屯地で自決した人物です。バルコニーで自衛隊員に向かって演説した姿は、今でも折に触れて放映されることがあります。もちろん、ユーチューブではいつでも見ることができます。

このとき私は小学校1年生でした。私がテレビで記憶している最初の映像だったかもしれません。三島の話していることは全く分かりませんでしたし、そもそもよく聞き取れませんでした。しかし、三島の絶叫する姿と、腕組みしながら何か怒りを含みながら叫んでいる自衛隊員の姿は鮮明に覚えています。笑っている隊員もいました。小学生にはその意味するのはとても理解できませんでしたが、三島と自衛隊員とのあまりの違いに不思議な気持ちになったことを覚えています。一緒にテレビを見ていた父親は、三島に向かって吐き捨てるように「狂っている」と言いました。

後で知ったことでは、この時、三島の唱えたのは戦後体制への痛烈な批判と国家の再生でした。だからこそ、冒頭の言葉に出会った時は、とても意外でした。正確に言えば驚きでした。三島こそが「愛国心」を強く主張したはずだと疑いもなく思っていたからです。

もう少し、三島の言葉を聞いてみましょう。三島は「愛国心」という言葉が嫌いな理由について、「この言葉には官製のにおいがする」からだと言います。「言葉としての由緒ややさしさがない。どことなく押しつけがましい」からだとも言っています。そして三島はこう続けます。

愛国心の「愛」の字が私はきらいである。自分がのがれようもなく国の内部にいて、国の一員であるにもかかわらず、その国というものを向う側に対象に置いて、わざわざそれを愛するというのが、わざとらしくてきらいである。（中略）

日本語としては「恋」で十分であり、日本人の情緒的表現の最高のものは「恋」であって、「愛」ではない。（中略）

愛国心は国境を以て閉ざされた愛が、「愛」という言葉で普遍的な擬装をしていて、それがただちに人類愛につながったり、アメリカ人もフランス人も日本人も愛国心においては変りがない、という風に大ざっぱに普遍化されたりする。

これはどうもおかしい。もし愛国心が国境のところで終るものならば、それぞれの国の愛国心は、人類普遍の感情に基づくものではなくて、辛うじて類推で結びつくものだと言わなくてはならぬ。アメリカ人の愛国心と日本人の愛国心が全く同種のものならば、何だって日米戦争が起ったのであろう。「愛国心」という言葉は、この種の陥穽《かんせい》を含んでいる。

（三島由紀夫「愛国心——官製のいやなことば」）

さすがは三島、論理の筋が通っています。しかもここには、愛国心を考える上で重要なポイントが含まれています。もちろんここでは、三島の愛国心論を解明することが目的ではありません。三島の文章を紹介したのは、愛国心を考えるということは結構大変な作業であることを確認したかったからです。「私は日本が好きだから愛国心がある」と考える人が多いと思いますが、「日本が好き＝愛国心がある」とは単純にならないのです（**第2章**参照）。

愛国心を考える大変さには日本特有の理由もあります。戦後日本では、特に日中戦争から太平洋戦争（大東亜戦争）にかけて「愛国心」が強調された反動で、愛国心への視線が厳しかったからです。いわば、愛国心を否定することが平和を築くための条件であるかのような空気が支配していました。

例えば、ギリシャ哲学者の田中美知太郎《みちたろう》は、戦時中、愛国心が乱用された結果、本来の「自然の美しい感情を離れて、何か強制的な名前になってしまった」と述べ、次のように指摘しました。

その空しい名前（愛国心―筆者註）の下に、いろいろな無理が行われたのである。しかもその結果は、敗戦であり、ひとびとの数々の不幸だったのである。だから戦後には、むしろ否定的な議論が優勢になった。愛国心の名の下に行われた非行の数々が、愛国心そのものの罪とされ、不幸な結果のすべてが、愛国心のためであるようにも考えられた。自然の情は、盲目性のままでは、いろいろな過失を犯すわけである。

（田中美知太郎「愛国心とナショナリズム」）

この文章は、１９５７（昭和32）年に発表されたものです。当時は「五五年体制」の下での保革対立が激しい時期でした。こうした政治的な状況も加味しなければなりませんが、田中が指摘した愛国心をめぐる状況は今日にも残っているように思います。

戦後日本では、愛国心は一貫して議論され、争点とされてきました。しかし、愛国心が罪悪視され、「否定的な議論が優勢」となる中で、愛国心についての議論は決して深まりのあるものとはなりませんでした。実際、「愛国心」というだけで強烈な拒否反応をする人は今でも少なくありません。

ところが、日本を取り巻く状況は国内的にも対外的にも決して楽観できるものではありません。戦争が起こり得るという危機感も現実のものとなりつつあります。

戦後日本がこれまで戦争に巻き込まれなかったのは、日本国憲法第9条の戦争放棄条項のおかげではありませんし、ましてや国家や愛国心を忌避した結果でもありません。東西の冷戦構造や日米安全保障条約による奇跡的な僥倖《ぎょうこう》と言うべきものです。現に多くの国は、今も過酷な戦争と紛争の中にあります。

ウクライナは２０１４年に突如、ロシアにクリミア半島を奪われ、東部地区を侵略されました。その後、外交交渉により和平合意しましたが、２０２２年2月24日、ロシアはその合意を破棄し、ウクライナへ全面侵略しました。しかし、ウクライナはロシア軍に屈することなく、民間人も立ち上がり、自ら軍に志願し、祖国を守るために命懸けで戦っています。

日本が、これからも戦争とは無縁であると考えることはできません。私たちもこうした現実に向き合う必要があります。そのために考えなければならない重要な課題が、愛国心の問題です。

本書は、戦後日本の愛国心論の歴史を辿りながら、これからの愛国心のあり方について考えることを目的とするものです。

戦後日本と愛国心については、これまでにも優れた研究がありました。中でも、小熊英二《おぐまえいじ》『〈民主〉と〈愛国〉――戦後日本のナショナリズムと公共性』（新曜社、２００２年）、佐伯啓思《さえきけいし》『日本の愛国心――序説的考察』（ＮＴＴ出版、２００８年）、市川昭午《しょうご》『愛国心――国家・国民・教育をめぐって』（学術出版会、２０１１年）、姜尚中《カンサンジュン》『愛国の作法』（朝日新聞社、２００６年）、将基面貴巳《しょうぎめんたかし》『日本国民のための愛国の教科書』（百万年書房、２０１９年）は、戦後日本の愛国心を考えるための基本文献であり必読文献です。本書はこれらを大いに参考としました。

また、市川昭午監修・編集『資料で読む　戦後日本と愛国心（全3巻）』（日本図書センター、２００８〜２００９年）は、１９４５（昭和20）年から２００６（平成18）年までの時期を三期に分け、代表的な約１００点の論文と約１６０点の関連資料を収載したものです。筆者もこの企画の編集に携わり、第1巻と第2巻の解説を執筆しました。

実は、冒頭の三島の文章を見つけたのも、この編集作業の過程においてでした。本書の執筆にあたってはこれらの文献も参照しています。

愛国心をめぐる議論は、政治学、経済学、社会学など、さまざまな分野で行われています。中でも、愛国心が具体的な議論となるのは教育の分野です。愛国心の対象となるのは国家、国民ですが、両者の媒介となるのが教育だからです。したがって、本書でも愛国心と教育の問題が中心となっています。

２０２５（令和７）年は、「戦後80年」の年です。同時に「昭和１００年」の年でもあります。日本の行く末を考えるために、これまでの歴史を見つめ直し、本気で愛国心の問題を考えなければならないのではないか。そういう思いに強く駆られながら本書を書きました。

本書は専門的知識がなくても読むことができるように、できるだけ平易な記述に努めました。特にこれからの時代を担う若い世代にこそ読んでいただき、愛国心の問題について考えてほしいと思っています。

目　次

第4章　高度経済成長で失われた愛国心への関心

第1章　愛国者として生きる覚悟はあるか

第1節　「愛国心」を語らなくなった日本人

五輪メダリストの「特攻資料館」発言

２０２４（令和６）年夏に開催されたパリ五輪において、卓球女子シングルスで銅メダル、団体で銀メダルに輝いた早田ひなさんが、８月13日の帰国会見に出席しました。

この席上、「今やりたいことは」と聞かれた早田さんは、アンパンマンミュージアムに行きたいと答えた後、次のように述べました。

「あとは、鹿児島の特攻資料館に行って、生きていること、そして自分が卓球をこうやって当たり前にできていることというのが、当たり前じゃないというのを感じたいなと思って、行ってみたいなと思っています」

この発言は、マスコミで即座に取りあげられ、特に中国や韓国で批判されました。一部の報道によると、早田さんは中国選手の勧めで中国のSNS「ウェイボー」を始めていましたが、数日で4万人のフォロワーが消えたということでした。

8月15日の終戦の日の直前でしたので、中国や韓国の反応は、特に驚くことではありません。しかし、このニュースを面白おかしく伝える日本のマスコミや、SNSでの早田選手への批判のコメントには、怒りを通り越して「ウンザリ」しました。中でも、「早田選手のこうした発言は、戦争の悲劇を伝えてこなかった歴史教育の欠陥だ」という「識者」のコメントのあまりのお粗末さに唖然としました。明らかに論理が転倒しています。歴史教育が必要なのはどちらなのかと言いたくなります。

早田さんが述べた「特攻資料館」が、具体的にどこを指しているのかは分かりません。鹿児島県内の特攻に関する施設としては、南九州市の知覧特攻平和会館、南さつま市の万世特攻平和祈念館、鹿屋市の鹿屋航空基地史料館などがあります。この中で最も知られていて規模も大きいのが知覧特攻平和会館ですから、早田さんはこの施設を指して「特攻資料館」と述べたのかもしれません。

読者の中には足を運ばれた方もいるかもしれませんが、知覧特攻平和会館は太平洋戦争（大東亜戦争）末期の「特攻」作戦で、爆装した飛行機もろとも敵艦に体当たり攻撃をした陸軍特別攻撃隊員の遺品や関係資料を展示した施設です。

私もこれまで3回ほど訪れましたが、その都度、涙とともに複雑な思いに駆られる場所です。しかし、オリンピック選手とはいえ、一人の若者が、「特攻資料館」へ行きたいと言っただけでニュースになるこの国とは何なのかと思います。こうした状況こそが「戦争の悲劇を伝えてこなかった歴史教育の欠陥」ではないかと思います。これが戦後日本の現実の一端です。戦後も80年を経過しようとしているのに、です。

「特攻」を題材にした映画の大ヒット

「特攻」と言えば、2023（令和5）年に『あの花が咲く丘で、君とまた出会えたら。』という映画が上映されました。実は、ロケ地となったのは、移転で廃校になった私の母校の中学校でした。ご覧になった方もいるかもしれませんが、冒頭にあった高校での三者面談の教室のシーンは、私の中学2年生の時の教室だったように思います。また、映画の最後の方で特攻機が飛び立つシーンは、これもすでに廃校になった母校の小学校の校庭で撮影されたようです。

そうした個人的な思いも持ちながら観ましたが、現代の若者の視点（感覚）も織り交ぜた素晴らしい作品でした。私たちが生きているこの日本は、この国を命がけで守ろうとした人々が後世に託した「未来への思い」なのだということを改めて痛感しました。

この映画は同名の小説がもとになっていますが、作家の汐見夏衛《しおみなつえ》さんは鹿児島県の出身で、中学校の社会科見学で知覧特攻平和会館を訪れた際の衝撃や感情を作品にしたいうことです。また、小説・映画には、当時、知覧の食堂の女将で、多くの特攻隊員の面倒を見て、「特攻の母」と言われた鳥濱《とりはま》トメさんをモデルにした人も登場しています。映画では松坂慶子さんが好演されていました。

この映画については、特に大きな批判はありませんでした。しかし、これまで特攻を取り上げた映画にはさまざまな批判が繰り返されてきました。例えば、『連合艦隊』（１９８１年公開）、『男たちの大和』（２００５年公開）、『俺は、君のためにこそ死ににいく』（２００７年公開）、『永遠の０』（２０１３年公開）などです。「戦争賛美」「特攻の美化」「愛国心の強制」といった批判でも分かるように、そのほとんどは作品に対するというより、特攻を取り上げたことへの拒否感であったと言えます。

なぜ「愛国心」は語られなくなったのか

これまで愛国心はさまざまに論じられてきましたが、愛国心を話題にするだけで、何となく居心地の悪い、人目を憚《はばか》らなければいけないような空気がありました。それは現在もあります。早田さんの騒動がそれを物語っています。

戦後日本では愛国心はどこか息苦しく、それを論じることは窮屈でした。それは、愛国心がまともに論じられてこなかった結果であると思います。愛国心に向き合ってこなかったことの結果でもあると思います。戦後日本で愛国心がどのように議論されてきたかについては次章以降で詳しく述べます。

一方で、近年では特に教育の分野において、愛国心に関する議論が低調になっています。その大きな理由の一つとして教育基本法改正の影響が挙げられます。2006（平成18）年12月に教育基本法が改正され、第2条（教育の目標）で「我が国と郷土を愛する」という言葉が盛り込まれたのですが、その後、愛国心論議はめっきり低調になりました。教育基本法に「愛国心」が規定されたことで一定の決着が付いたことが大きな理由であると思われます。

しかし、それだけではないはずです。ここには次のような社会と国民意識の変化がありました。

第一は、1960年代の高度経済成長期以降の国民意識における私生活優先のさらなる浸透です。公的なものよりも私的な欲求を優先する価値観は、国民の多くに浸透し共有されていきました。そうした戦後生まれの親の世代に形成された価値観が、子供の世代へと受け継がれたことで、その傾向はより強固なものとなりました。

その一方で、公的なものを大切にしようとする意識は後退し続けていきます。公的なものを体現する重要なものの一つが愛国心ですが、こうした私生活優先の価値観の浸透が愛国心への関心を減退させたのは自然なことでした。

第二は、愛国心論議の具体的な対象を可視化できなくなったことです。このことは教育基本法の改正と関わります。経済学者・思想家の佐伯啓思が指摘するように、「戦後進歩主義は、道徳、教育、国家の三大噺をたちどころに戦前の国家による道徳教育への逆行として批判」(『国家についての考察』)する傾向がありました。そのため、この三つの結節点である愛国心教育が戦後日本における大きな論点となることは必然でしたし、実際にそうなりました。

戦後日本の愛国心論議では、愛国心教育が戦前の国家主義や軍国主義を復活させ、国際紛争や戦争を招く恐れがあるというステレオタイプの批判と、その反論が繰り返されてきました。その際の具体的な対象となったのが、道徳教育、「天皇制」、再軍備問題、「国民実践要領」、「期待される人間像」、「国旗・国歌」問題、教育基本法改正問題などでした。

しかし、これらは、「国旗・国歌」法の制定、教育基本法の改正とそれに基づく学習指導要領の改訂、道徳の教科化の成立によって一応の決着を見ました。

また、天皇や自衛隊に対しても国民の意識変化がありました。

2011（平成23）年の東日本大震災などの数多くの災害に際して国民が目にしたのは、死者への慰霊と復興を「祈る」天皇の姿と、災害現場で献身的に汗を流す自衛隊員の姿でした。こうした姿は、これまで繰り返されてきた天皇や自衛隊に対するステレオタイプの批判を根底から突き崩すリアルな強さを持つものであったと同時に、従来の愛国心論議の「不毛さ」を実感させるものでした。

第三は、冷戦構造の崩壊によって、社会主義の敗北が強調されたことで、資本主義対社会主義、保守対革新という思想軸が説得力を持たなくなったことでした。

社会主義の「退場」は、特に若い世代においてより顕著なものとなりました。社会学者の北田暁大《きただあきひろ》は、「もはや政治的な意味での保守主義やリベラリズムが現実の概念運用において適合性を失っている」と述べ、従来の保守と革新の定義が転倒していると指摘しています（「平成リベラルの消長と功罪」、吉見俊哉編『平成史講義』所収）。

第四は、特に若い世代における愛国心の自明化です。これは第三の点とも関係します。総務省の実施している「社会意識に関する調査」によれば、『国を愛する』という気持ちについて、他の人と比べて強いと思うか、弱いと思うか」の項目を**図1**のように中長期的に見る

図1　「国を愛する気持ちの程度」の推移

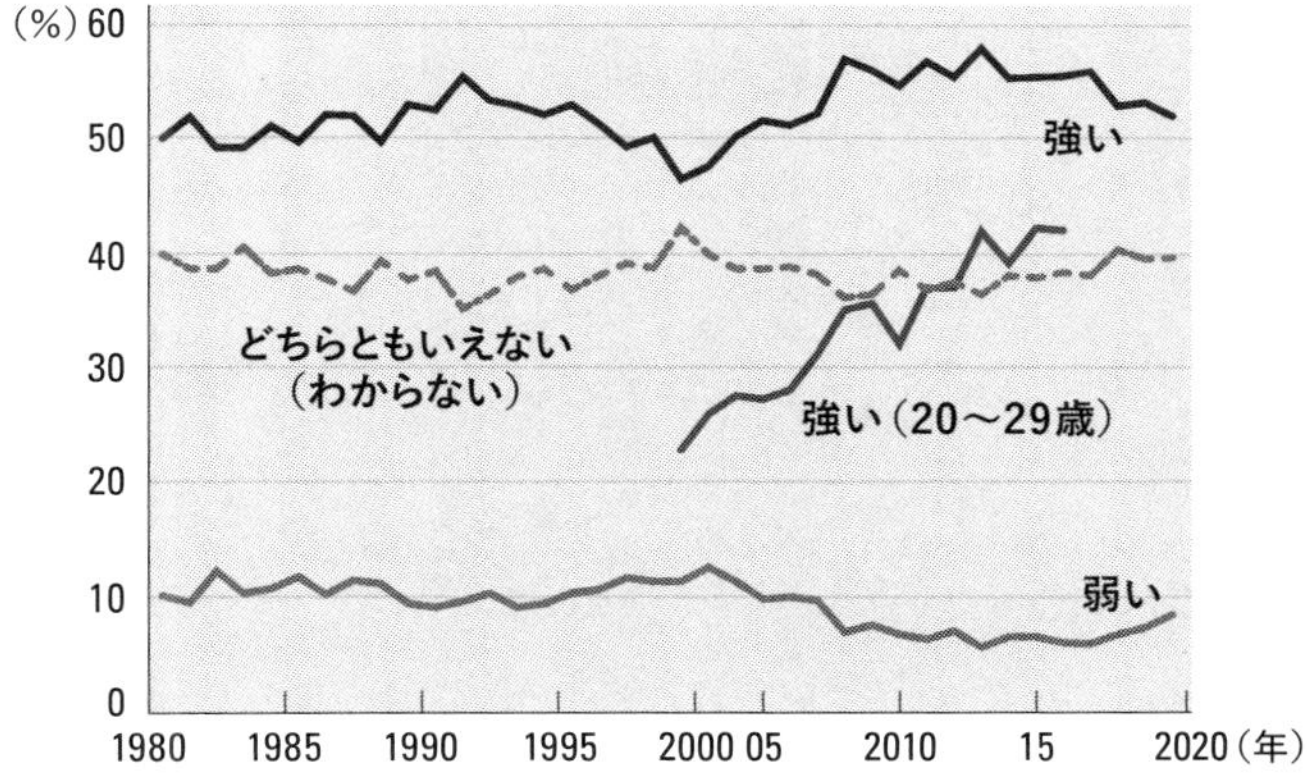

※ 2016 年調査までは 20 歳以上の者、2017 年調査からは 18 歳以上の者を対象とした。

※ 2020 年調査までは調査員による個別面接聴取法で実施しているため、2021 年調査以降との単純比較は行わない。

［総務省「社会意識に関する調査」］

と、「強い」と答えた人の割合は、1980（昭和55）年の49・9％から2020（令和2）年の51・9％と微増傾向にあります。一方、「弱い」と答えた人の割合は、1980年の10・1％から2020年の8・5％と減少傾向にあります。これを年齢別に見ると、「強い」と答えた人の割合は年齢が上がるにつれて高くなる傾向を示しているのですが、特筆すべきは20～29歳で、2000年では22・8％だったのが2016年では42・1％と2倍近く増加していることです。

　後で詳しく述べますが、「平成元年版学習指導要領」では、学校での入学式や卒業式における国旗・国歌の取扱いが明記され、1999（平成11）年の「国旗・国歌」法の制定を経て、改正された教育基本法では愛国心が規定されました。こうした論議に接することのないままに学校教育を受けた世代にとって、愛国心はすでに自明のことであり、それが争点であった時代の感覚は理解できなくなっていたと言えます。

第五は、グローバリズムのさらなる進展です。グローバリズムは、軍事、政治、経済におけるアメリカへの従属を強固なものとし、アメリカを盟主とする世界的な経済至上主義と軍事同盟を正当化するものでした。グローバリズムが、しばしば「アメリカニズム」と称されるのはそのためです。特に、日米安全保障条約や日米地位協定を締結している日本にとって、その意味するところは明らかでした。

例えば、戦後日本とアメリカとの関係について、アメリカの歴史学者アンドレ・ゴードンは、「アメリカが線引きし規定する『最大許容枠』の範囲を超えない限りにおいて、日本の経済的な行動と政治的な行動が許される、というシステムだった」（『歴史としての戦後日本上』）と述べています。

一般に、グローバリズムと愛国心は親和的なものではなく、基本的には緊張関係にあるものと理解されます。したがって、アメリカへの従属が進めば進むほど、「自主独立」を掲げる愛国心との矛盾は大きくなるはずです。

しかし、アメリカへの従属が固定化し、それが世代を超えて自明化する中で、その矛盾は意識されなくなっていきました。「パクス・アメリカーナ」（アメリカによる平和）が一般化する中で、愛国心はある種の「ねじれ」の中に埋没したまま、多くの国民に強く意識されることはなくなったのです。

第六は、経済格差を背景とした国民の分断です。「一億総中流社会」の崩壊による富裕層と貧困層の格差の拡大は、国民意識をさらに変化させています。経済格差のもたらす分断は、それぞれの層が抱く日本へのイメージを多様なものとし、現在の私たちは統一的な国家像・国民像を設定することが困難となっています。

また、経済格差の拡大は都市部と地方との分断を加速させています。加えて、人口減少による地方の消滅が現実味を帯びている状況は、「愛すべき」対象が消失しつつあることを意味しています。

さらにここに、外国人の移入が加わることで、かつての日本の文化・伝統の意味や「日本人として」のあり方の追求を基軸とする愛国心の捉え方は不安定で流動的なものとなっています。これは、国家意識の減退と表裏の関係にあり、特に愛国心を教育することの意義と正当性を混迷させる状況を招いています。

愛国心は必要なくなるのか

それでは、こうした状況の中で愛国心は必要なくなるのでしょうか。

たしかに仮にこのままのペースでグローバル化や人口減少が進み、将来的に国家が消滅することになれば、愛国心を論じる必要はなくなるかもしれません。しかし、それは私たちが生きている間に起こる現実ではありません。私たちが考えるべきは、遠い将来ではなく、現実的な時間の範囲での愛国心についてです。

教育学者の市川昭午は、少なくとも当面の間、愛国心が必要なくなることはないと述べます。なぜなら、グローバル化が進み、国家の役割に変化が生じたとしても、国家がなくなることはないばかりか、現状では国家に代わる政治単位も見出せないからです。市川は、次のように続けます。

> 人々はいずれかの国民国家の一員として生き続ける他ないが、国民国家が存続するためには多少なりとも国民の愛国心が不可欠とされる。そうである以上、国民に愛国心を求める主張がこの地球上から消滅することはありえない。我が国もまたその例外ではない。
>
> （市川昭午『愛国心――国家・国民・教育をめぐって』）

世界を見渡せば、「国家の揺らぎ」が明らかになっていることは確かです。ヨーロッパのEU（欧州連合）などは、従来の国民国家の枠を取り払い、新しい共同体のあり方の模索であったと言うこともできます。しかし、このことがただちに国家の消滅につながるとは言えません。実際、移民をめぐる加盟国の混乱やイギリスのEU離脱などを見ても、それがうまく進んでいるようには思えません。

また、ウクライナとロシアとの戦争やパレスチナ・イスラエル戦争は基本的には国家間の戦争であることに変わりはありません。つまり、世界に起こっている状況は、国家の消滅ではなく、むしろ国家間の新たな枠組・秩序の再構築が行われていると見ることができます。

市川は、愛国心をめぐる議論の行方を楽観視しているわけではありません。国内外の政治的・経済的状況が流動していく中で、「愛国心をめぐる論議は迷走する確率が高い」と述べています。しかも、「愛国心及び愛国心教育の問題は全く解決の目途が立たないままに今後も存在し続け、さほど実質的な進展もないままに多くの人々によって論じられ続けていくであろう」と悲観的です（『愛国心——国家・国民・教育をめぐって』）。

私も市川の言うことには同意する部分が多くあります。これまでの戦後日本の愛国心の歴史を振り返ると、市川の指摘は正しいとも思います。

しかし、一方では何とか「実質的な進展」を図る方法はないものかとも思うのです。なぜなら、このまま行けば、かつて三島由紀夫が言ったように、「日本」は本当になくなってしまい、「その代はりに、無機的な、からつぽな、ニュートラルな、中間色の、富裕な、抜目がない、或る経済的大国が極東の一角に残るのであらう」（「果たし得ていない約束」）という予言通りになってしまうと思うからです。それは悲しいことだと思うからです。

また、「実質的な進展」を諦めてしまうことは、後述するように、「真の愛国心とは、自国の価値をいっそう高めようとする心がけであり、その努力である」（「期待される人間像」）という姿勢とは対極にあることは確かです。

以下では、愛国心論議の「実質的な進展」を目指す上で、大切であると思う視点を私なりに考えてみたいと思います。

第2節 「日本人のアイデンティティー」の喪失

江藤淳が指摘した「ごっこ」の1970年代

これからの愛国心を考えるために、歴史の針を１９７０年代まで巻き戻してみたいと思います。1960年代の高度経済成長は、日本社会と国民意識を大きく変化させ、1970年代になると、社会と国民意識の課題が明らかとなり始めました。そうした社会と国民意識の課題が顕在化した1970年代の議論をあらためて辿ることで、愛国心問題を考える重要なヒントがあるように思えるからです。

まず想起したいのは、文芸評論家の江藤淳《えとうじゅん》が1970（昭和45）年に執筆した『「ごっこ」の世界が終わったとき——七〇年代にわれわれが体験すること』という論文の指摘です。江藤は、戦後日本ではあらゆる政治的運動が「ごっこ」にしか映らないと言います。戦後の平和運動も「ごっこ」であり、戦後民主主義も「ごっこ」であり、ナショナリズムも「ごっこ」でしかなかったと言います。また、全共闘運動も「ごっこ」であり、その対極にあると考えられる三島由紀夫が組織した私設軍隊「楯の会」も「ごっこ」であり、三島由紀夫の自決事件もクーデター「ごっこ」であると批判しました。

辞書的に言えば、「ごっこ」とは「ある事物のまねをする遊戯」ということになります。江藤には1970年時点の戦後日本が、この「ごっこ」の世界と等しいものと映りました。そして江藤は、戦後日本が国家と向き合うことなく、「なにをやっても『ごっこ』になってしまうのは、結局戦後の日本人の自己同一性《アイデンティティ》が深刻に混乱している」ためであると断じました。

佐伯啓思は、この江藤の指摘を次のように読み解いています。

江藤はどうしてこれらの政治運動をすべからく「ごっこ」でしかない、と断じたのだろうか。それは、戦後日本は「国」に直面していないからだ、という。戦後体制をアメリカによって「配給」され、安保条約によって国の防衛を米軍に委ね、外交の大筋もアメリカに追従する、という従属国家においては、真に世界へ直面することはない。世界という荒波に直面しなければ、実際に船（国）を漕ぐ必要もない。船長はアメリカであり、日本人はすべて、アメリカ船の乗客として遊興に浮かれておればそれでよい。

かくして平和運動や反核運動など、いくら理想を唱えようと、所詮は安保体制のもとでアメリカの核の傘に収まった日陰の運動にしか過ぎないし、民主政治といっても、基本的な外交方針は国民の意思ではなく、アメリカの意思で動いてゆく。ナショナリズムなどといっても、アメリカの手のひらで踊っているようなものである。要するに、戦後日本は真の意味で主権国家、独立国家たりえていない、その結果、本当には「国」に対面していない。こう江藤は論じた。

（佐伯啓思『日本の愛国心——序説的考察』）

戦後日本が、国家に対面していないことは、国家意識の喪失という問題と表裏の関係にあります。占領政策を媒介した戦後の混乱期から高度成長期を経由することで、国家の存在と自己の存在の緊張関係は確実に低下したと言えます。言い換えれば、国家を自己の内なる存在として捉える意識が急速に失われていったことは確かであり、江藤はそれを、「日本人の自己同一性《アイデンティティ》」の問題と捉えました。

戦艦大和の生き残り吉田満が見た戦後

１９７０年代、「日本人のアイデンティティー」の回復を切実な課題と受け止めた一人が、戦記文学の金字塔と言われた『戦艦大和ノ最期』の著者である吉田満《みつる》です。

吉田は、１９４３（昭和18）年に学徒出陣で海軍に入隊、戦艦大和に乗艦しました。１９４５（昭和20）年４月７日の沖縄海上特攻に参加し、多くの戦友を失いました。戦艦大和は米軍に撃沈され、乗組員３３３２名のうち３０５６名が死亡、生き残ったのは２７６名でした。吉田はその「生き残り」の一人でした。戦後、吉田は日本銀行に入り、戦後日本経済の復興を牽引する立場となりました。

吉田は、１９６０年代の国内外の情勢は、１９６５年を境にはっきり変わったと述べています。１９６０年代前半の世界情勢はキューバ危機（１９６２年）、部分的核実験禁止条約（１９

63年)、フルシチョフ解任(1964年)、国内では東京オリンピック、新幹線の開通(1964年)がありました。また1960年代後半には、ベトナム北爆(1965年)、中国の文化大革命(1966年~)、第3次中東戦争(1967年)、ソ連のチェコ侵攻(1968年)があり、国内では沖縄返還方針の決定と大学紛争が起こっています。

吉田には「六五年前後をもって世界の戦後処理の時代はほぼ終りを告げ、それ以後は全く新しい歴史の流れ、すなわち世界をリードする諸勢力が、あるべきバランスを模索して苦悩する時代に突入した」(「七〇年代の後半に向かって」)と見えました。その言葉通り、1970年代に入ると、米ソの接近、中国の国連加盟、ベトナム和平、国際通貨危機、オイルショックなど新たな歴史の潮流が生まれます。

吉田は、戦後の30年の歴史をふり返って、この時期は、どの時代にも負けない「戦乱」に明け暮れた時代であると評しています。核武装の制限、発展途上国への援助拡大の努力が続けられたにもかかわらず、世界は平和確立の上で前進したとは言えず、「残念ながら今世界の現実を動かしているのは、国、民族、武力、等からあふれ出る貪欲なエゴイズムであり、エゴイズムの暴発を人間の良識がかろうじて抑えているに過ぎない。エゴイズムの間の闘争は、闘争そのものの本性に従ってますます激しくなる傾向を持っており、この複雑化した国際情勢の中で、かくされたエゴイズムの火種は常に表にあらわれるスキをうかがっている」

と述べました。

もちろん、このエゴイズムの問題は日本においても例外ではありませんでした。むしろ、日本においてこそ切実で激しいものでした。

戦没学徒の遺書が提起した「公」と「私」の問題

こうした「苦悩する時代」に直面して、吉田は改めて戦没学徒の遺書を読み直す作業を始めます。戦後の日本の歩みを振り返り、これからの日本のあり方について考えるためです。

戦没学徒の遺書を読み解く中で、吉田の関心は、戦後日本における「公」と「私」の問題へ向けられました。例えば、戦没学徒の遺書に触れて吉田は次のような発言をしています。

彼らの文章には、驚くばかり〈私〉がない。この〈私〉のなかった戦時中の青年のことを思うと、今日のように、あまりにも多くの〈私〉にあふれている現代が、極めて対照的に見えてくるのです。そして、この〈私〉にあふれた現代に、ほんとうの〈私〉があるのだろうかと思うのです。（中略）戦争中の滅私奉公は、間違った〈公〉のために〈私〉を空しくした過ちでした。しかし、私が本当に生きるには、ただ単に私に徹するのではなく、この私を真に生かす、真の公がなければならないのではないか、このように私は思います。

〈私〉というものは、真実な、新しい〈公〉に役立ててこそ、本当の私となるものだからです。

（佐伯晴郎『日本のキリスト教に未来はあるのか』）

また、吉田は戦後30年の歴史に日本人が残した足跡は、「〃高度成長〃という合言葉に象徴される、高度工業化社会へのすぐれた適応力、目的追求のあくなき意欲、そして反面では、当然の帰結として臆面もない自己中心、自己満足、他者への徹底した無関心」であったと批判し、次のように続けました。

日本が一つの歴史的必然をたどってあの戦争に踏みこんでいったように、戦後日本も一つの歴史的必然をたどって、三十年をへた今日の状態にまで落ちこんだ。すなわち公的なもの、国家的なものから解放された底なしの楽観主義が挫折を味わい、生きる目標が失われ、お互いの連帯が不確かなものとなり、世界の中でますます孤立するという一区切りの終結点に立ち至ったのである。戦時中もそうであったように、これは誰かが仕組んだり、だましたりだまされたりした結果ではない。日本人全体が呼吸を合わせて、納得して懸命に努力した結果である。

（吉田満「戦争文学者、この三十年の心情」）

「日本人はあの戦争と敗北と犠牲の中をただ通り過ぎただけで、決して体験することはなかった」。戦争を卒業したというのは思い上がりであり、日本人は「戦争か平和か」の問題を解決するためには「今も未熟なまま」というのが吉田の思いでした。

1970年代の日本は、不況と円高の内憂外患の窮境《きゅうきょう》にあり、特に外国から注がれる冷徹なまなざしは、「政治や外交面の弾圧にとどまらず、深刻な経済的利害、国民感情の高まり、価値観の致命的な亀裂を母体に、根強い憎しみが存在すること」（「戦後日本に欠落したもの」）の警告と見ることができる。同時にそれは、「太平洋戦争の悲惨な、しかし貴重な体験から、われわれが結局何ものも学びとらなかったことの証左ではないのか」、吉田はこう指摘しました。

抹殺された「日本人のアイデンティティー」

吉田は、「太平洋戦争の悲惨な、しかし貴重な体験から、われわれが結局何ものも学びとらなかった」要因を突き詰めれば、「日本人のアイデンティティー」の喪失にあると述べます。

吉田によれば、戦後日本は「戦争のなかの自分」を抹殺することにエネルギーを注いできた。ところが、戦争に関わる一切のものを抹殺しようと焦るあまり、「終戦の日を境に、抹殺されてはならないものまで、断ち切られることになったことも、事実である。断ち切られたのは、戦前から戦中、さらに戦後へと持続する、自分という人間の主体性、日本および日本人が、一貫して負うべき責任への自覚であった。要するに、日本人としてのアイデンティティーそのものが、抹殺された」と指摘しました。

では、吉田の言う「アイデンティティー」とは何を意味していたのでしょうか。

吉田は、戦争中の時代は、ある意味では「アイデンティティーの過剰の時代」であったと言います。しかしそれは、日本人および日本の国家という、「アイデンティティー」の枠だけが強調されただけの空虚なものであり、「一億玉砕」という戦争スローガンに象徴される形骸化した愛国心であったと指摘しています。その上で吉田は、次のように述べています。

日本人、あるいは日本という国の形骸を神聖視することを強要された、息苦しい生活への反動から、八月十五日以降はそういう一切のものに拘束されない、「私」の自由な追求が、なにものにも優先する目標となった。日本人としてのアイデンティティーの中身を吟味し直して、とるものはとり、捨てるものは捨て、その実体を一新させる好機であったのに、性急な国民性から、それだけの余裕はなく、アイデンティティーのあること自体が悪の根源であると、結論を飛躍させた。「私」の生活を豊かにし、その幸福を増進するためには、アイデンティティーは無用であるのみならず、障害でさえあるという錯覚から、およそ「公的なもの」のすべて、公的なものへの奉仕、協力、献身は、平和な民主的な生活とは相容れない罪業として、しりぞけられた。

日本人はごく一部の例外を除き、苦しみながらも自覚し納得して戦争に協力したことは事実であるのに、戦争協力の義務にしばられていた自分は、アイデンティティーの枠を外された戦後の自分とは、縁のない別の人間とされ、戦中から戦後に受けつがるべき責任は、不問にふされた。戦争責任は正しく究明されることなく、馴れ合いの寛容さのなかに埋没した。

（吉田満「戦後日本に欠落したもの」）

吉田が求めた「日本人としてのアイデンティティー」は、戦時中に過剰に強調された空虚で形骸だけの内容とは異質のものであり、公的なものへの奉仕、協力、献身を含んだものとして捉えられています。しかも、そうしたアイデンティティーは、戦時中の責任を無条件に放棄するのではなく、戦争責任を自らの問題として引き受けることで獲得できると理解されていました。

たしかに、戦後の復興から高度経済成長に至る時期までは、「日本人としてのアイデンティティー」を意識しなくても、「私」の幸福を追求することが、そのまま国の発展につながるように思えました。

ところが、1970年代に入ると、諸外国ではナショナリズムが高まり、国家としてのアイデンティティーを模索し始めます。しかし、それにもかかわらず日本人だけは、相変わらずアイデンティティーを無視し続けたことが、日本が再び世界の孤児となる恐れをもたらした要因であると吉田は指摘したのです。

「無国籍市民」としての甘えと国家観の欠如

「日本人としてのアイデンティティー」の必要性を痛感する中で、吉田の視線は国家観を確立することの必要性へと進んでいきます。「国家観のないところには、正しい外交も、安定した国民世論の形成もないことは、いうまでもない」「国家観のないところに、国民の主体的な行動などありえない」(「戦後日本に欠落したもの」)と吉田は繰り返し述べています。

吉田は、戦後日本の出発に際して、「日本人のアイデンティティー」を否定し、本来は戦前・戦中から戦後へと持続しなければならない責任の自覚を放棄したことが、戦後日本が失った最大のものであったと述べています。「無国籍市民」としての甘えと戦後日本の国家観の欠如が、徐々に増大する国際的圧力の中での危機を招いている根元であるというのが、吉田の切実な思いでした。こうした思いは、三島由紀夫や江藤淳にも共有されています。

戦艦大和での壮絶な体験を経て、戦後日本を生きた戦中派・吉田満が戦後30年を経て最後に辿り着いたのは、「日本人のアイデンティティー」の問題であり、国家観を確立することの必要性だったのです。しかし、この問題は何ら解決することなく、むしろ深刻さを増しながら現在に連続しています。

第3節　「死者への視線」の欠落

「死者の民主主義」という視点

ところで、民主主義を支える常識（コモンセンス）は、歴史的に構成された伝統に支えられたものです。言い換えれば、民主主義とは伝統を土台とすることで健全に機能すると言うことができます。

イギリスの作家・批評家であったチェスタトンは、民主主義と伝統とは対立するものではなく、民主主義を時間の軸にそって昔へと押し広げたものであると言います。そして伝統とは、「何か孤立した記録、偶然に選ばれた記録を信用するのではなく、過去の平凡な人間輿論の信用する」ものであるとし、次のように述べています。

伝統とは選挙権の時間的拡大と定義してよろしいのである。伝統とは、あらゆる階級のうちもっとも陽の目を見ぬ階級、われらが祖先に投票権を与えることを意味するのである。死者の民主主義なのだ。単にたまたま生きて動いているというだけで、今の人間が投票権を独占するなどということは、生者の傲慢な寡頭政治以外の何物でもない。(中略)民主主義と伝統——この二つの観念は、少なくとも私には切っても切れぬものに見える。

(『G・K・チェスタトン著作集1　正統とは何か』)

政治学者・歴史学者の中島岳志《なかじまたけし》は、このチェスタトンの言葉を引用しながら、「この国のかたち」は、今の時代を生きる人間が独占的に占有しているものではなく、あらゆる国家は過去によって支えられているものである。死者は私たちの精神や常識の中に密やかに生きているのであり、その意味で民主主義とは死者との協働作業である、と述べています。

そして、民主主義では、死者に耳を傾け、「伝統によって死者とつながり、常識によって死者と対話し続ける」という「死者の民主主義」の視点が重要であると指摘しています（『保守と立憲――世界によって私が変えられないために』）。

日本人にとっての死の意味を問うた柳田國男『先祖の話』

江藤淳は、1986（昭和61）年に発表した論文「生者の視線と死者の視線」において、「死者の魂と生者の魂との行き交いがあって、初めてこの日本という国土、文化、伝統が成立している。（中略）つまり死者のことを考えなくなってしまえば、日本の文化は滅びてしまう」と述べています。

日本人の日々の営みは、常に死者と共に生きるという感覚の中にあり、死者とともに生きるということがなければ、日本人は生きているという感覚をもてない、というのが江藤の指摘でした。

戦後日本において、いち早く死者の問題に言及したのは、民族学者の柳田國男《やなぎだくにお》です。1947（昭和21）年に発表された『先祖の話』は、日本人にとっての死の意味を問うものでした。柳田は次のように述べています。

私がこの本の中で力を入れて説きたいと思ふ一つの点は、日本人の死後の観念、即ち霊は永久にこの国土のうちに留まつて、さう遠方へは行つてしまはないといふ信仰が、恐らくは世の始めから、少なくとも今日まで、可なり根強くまだ持ち続けられて居るといふことである。

（柳田國男『先祖の話』）

人はたとえ死んでも国土を離れることはなく、生者と死者は交わり続けている。死者は故郷の山から子孫の営みを見守り、繁栄を願い、生者は死者に見守られていると思い、いつかは自分も死者の側になることを願っている。このように柳田は言います。これは、日本人にとって死者がいかに生者と密着していたかを物語っています。

その柳田が『先祖の話』を書く動機となったのが、戦争による夥しい死に直面して、「少なくとも国のために戦って死んだ若人だけは、何としてもこれを仏徒の言う無縁ぼとけの列に、疎外しておくわけにはいくまいと思う」ということでした。

しかし、この柳田の思いは、戦後日本の中でほとんど顧みられることはありませんでした。例えば、戦後日本は80年という時間を経てもなお、戦争で亡くなった死者の慰霊のあり方さえ確立することができないままだからです。

戦没学徒の遺書が訴えるもの

戦後日本は、死者の思いに素直に耳を傾けることはなく、教育は戦死した死者が後世にどのような願いを託したかを教えることはありませんでした。それどころか、例えば特攻作戦の「生き残り」に対して戦争犯罪者のように冷たい視線を向けることも少なくありませんでした。

二つの戦没学徒の遺書を紹介しましょう。

最初の遺書は、植村真久さんが娘に残したもので、戦没学徒の遺書を収載した『雲ながる果てに——戦歿海軍飛行予備学生の手記』に掲載されたものです。

愛児への便り（遺書）

素子　素子は私の顔をよく見て笑いましたよ。私の腕の中で眠りもしたし、またお風呂に入ったこともありました。素子が大きくなって私のことが知りたい時は、お前のお母さん、佳代伯母様に私のことをよくお聴きなさい。私の写真帳もお前のために家に残してあります。素子という名前は私がつけたのです。素直な、心の優しい、思いやりの深い人になるようにと思って、お父様が考えたのです。

私は、お前が大きくなって、りっぱな花嫁さんになって、しあわせになったのを見届けたいのですが、もしお前が私を見知らぬまま死んでしまっても、決して悲しんではなりません。お前が大きくなって、父に会いたいときは九段へいらっしゃい。そして心に深く念ずれば、必ずお父様のお顔がお前の心の中に浮びますよ。父はお前は幸福ものと思います。生れながらにして父に生きうつしだし、他の人々も素子ちゃんを見ると真久さんに会っているような気がするとよく申されていた。またお前の祖父様、祖母様は、お前を唯一つの希望にしてお前を可愛がって下さるし、お母さんもまた、御自分の全生涯をかけてただだ素子の幸福をのみ念じて生き抜いて下さるのです。必ず私に万一のことがあっても親なし児などと思ってはなりません。父は常に素子の身辺を護っております。優しくて人に可愛がられる人になって下さい。

お前が大きくなって私のことを考え始めた時に、この便りを読んでもらいなさい。

昭和十九年○月吉日　　　　父

植村素子へ

追伸　素子が生れた時おもちゃにしていた人形は、お父さんがいただいて自分の飛行機にお守りにしております。だから素子はお父さんと一緒にいたわけです。素子が知らずにいると困りますから教えてあげます。

愛児に遺書を残した植村は、東京都出身。立教大学で学び、1943（昭和18）年に繰り上げ卒業（卒業を早める措置）で学徒出陣しました。海軍に入隊後、1944年10月26日、神風特別攻撃隊大和隊の一隊を指揮してフィリピンのセブ島から出撃し戦死しています。享年25歳でした。

この手紙は、同年9月に休暇を許されて帰郷した折に、生後3か月の愛児に残したものです。ちなみに、植村の愛児・素子さんは、1977（昭和42）年にお父さんの母校である立教大学を卒業しました。その年の4月12日、靖国神社で母親や家族、友人、父の戦友たちが見守るなか、文金高島田《ぶんきんたかしまだ》に振袖姿で、『さくら変奏曲』を舞い、奉納されました。

次の遺書は、1942年に東京帝国大学に入学、翌1943年に学徒出陣で海軍に入隊した久保恵男さんの遺書の一節です。久保さんは1945年5月7日に徳島航空隊上空で特別攻撃隊員としての飛行訓練中に殉職しています。

世界人であることを忘れないようにといわれますけれど、私の理想も結局そこにあります。ただそこに達するまでに我々はあまりに弱いし不完全であるので、やむをえず戦争というもっとも醜い営みにも没頭せねばならぬのだと思います。民族の発展、神に近づかんとする人類の、むしろ貴《とうと》い過程であるかもしれません。

私の個体もこの大きな歴史の山の頂《いただき》に燃焼する。私はそれを快く見つめることができます。ただ私たちは自分たちの思想や仕事をうけついでくれるべき人間をあとに遺《のこ》したい。（中略）そして私のなしえなかった生活と理想を完成させてください。

そのころはすでに戦争も終わって日本の国は文化の上で苦しまねばならぬ時代だろうと思いますから。

（日本戦没学生記念会編『新版　第二集　きけわだつみのこえ』）

25歳で殉職した久保さんがこの遺書を書いたのは、1944（昭和19）年の大晦日でした。おそらく新しく迎える年には自らの命がないことを覚悟していたに違いありません。自らの命が長くないことを悟った彼は、その死の意味を必死に考えたはずです。しかし、その答えが出ないままにもがき苦しんだはずです。そして、その思いを自分が絶対に見ることのない未来を生きる後世の人々に託すことしかできなかったのでしょう。

どんなに言葉を尽くして言い繕っても、こうした死者の思いを忘れ、正面から受け止めようとしなかった戦後日本は、やはり根本的な問題を抱えた国だと思います。

「死者への視線」を欠いた戦後教育

厚生労働省の報告によれば、約240万人の海外戦没者のうち、未だに未収容のままの遺骨は2021（令和3）年12月末現在、約112万柱にのぼります。戦後80年を経過してもなお、これだけ多くの死者が慰霊もされることなく日本に帰れないまま外地に取り残されています。

もちろん、その背景には、相手国の事情によって収容が困難な場合もあります。しかし、その根本的な要因は、戦後日本において戦争が忌避され、戦争による死者が犠牲者ではなく、あたかも加害者であるかのように扱われる空気にありました。

柳田國男が『先祖の話』で描き出したように、歴史的に死者と生者が密着していたはずの日本は、死者に対して驚くほどに冷たい国になってしまいました。少なくとも物質的には豊かになったこの社会は、死者の犠牲の上に築かれたものであるという事実から目を背け続けています。

言うまでもなく、ここには教育の責任もあります。戦後教育では死者が忌避され、「死者への視線」が抜け落ちています。死者との絆は、「戦前＝悪」「戦後＝善」という単純な図式による歴史教育によって意図的に切断され、「教えない」ことで無視されてきました。

戦争で戦った人々は、それぞれ抗うことの許されない葛藤を抱えながら、生死の過酷な現実の中にありました。戦後日本が享受した物質的な豊かさの中に身を置きながら、「あの戦争」は間違っていた、戦地に赴いた者にも戦争責任はある、と一方的に断罪する言葉が、いかに耐え難い欺瞞に満ち、腐臭を放つものであるかは明らかです。

佐伯啓思の言うように、「未来の美しい日本のために戦死した者たち」としての「他者」の喪失こそが、戦後日本の大きな欠陥であったに違いありません。私には、「戦死した若者たちの忘却の上に成り立った自己中心的な平和と繁栄」(『日本の愛国心』)という佐伯の言葉が、今の日本の姿を的確に表現していると思います。

たしかに、小中学校の道徳では、「人間尊重の精神と生命に対する畏敬の念」が強調され、学習指導要領では、「生命の尊さを理解し、かけがえのない自他の生命を尊重する」こととされています。しかし、ここでの生命は今を生きている命のみに焦点化されたもので、その礎となった「死者への視線」が見事に欠落しています。

そもそも「人間尊重の精神と生命に対する畏敬の念」という理念は、「死者への視線」を欠いては達成されません。なぜなら、死者の思いを無視した「生命」とは、ただ生きることだけに焦点化された空虚な「生命尊重主義」に基づくものだからです。それは、生命の根源に対する「畏敬の念」とは本質的に異質なものです。連綿と続いている歴史の中で、自らの生命が多くの死者の祈りと犠牲の上に築かれていることへの謙虚な感謝のないところに、「人間尊重の精神と生命に対する畏敬の念」が生まれるとは、私には到底思えません。同じように、死者を忘れ、死者の思いを無視した愛国心は偽物であり、むしろ危険であるとさえ言えます。

もっとも、私たちが「死者への視線」を意識し続けるということは、決して簡単なことではありません。それは、戦争経験を継承することの難しさと表裏一体のものです。

「戦後80年」を経過し、学徒出陣で戦場へ赴いた学徒兵の大多数はすでに鬼籍に入られています。原爆被害者、沖縄戦の被害者も同じです。あの戦争を体験した世代から、直接的に話を聞く経験は確実に失われています。

そのため、靖国神社の遊就館、広島平和記念資料館、知覧特攻平和会館、沖縄のひめゆり平和祈念資料館などの博物館が、間接的には戦争の記憶を継承する主要な場となっています。その社会的な役割は、年月を経るにしたがって、一層重要なものとなるはずです。しかし、その一方で、小さな博物館は財政難などで閉館されるところも多く、忠魂碑などの戦争遺跡も取り壊しが全国的に進んでいます。

もはや、戦争体験を直接の記憶として継承することは不可能です。そのため、教育社会学者の井上義和が指摘しているように、戦争経験の継承の方法は、反戦平和の共感と同時に、国のために死んでいった兵士たちの「遺志の継承」（顕彰）を中心とする必要があります。「記憶の継承」から「遺志の継承」への転換は、「戦後80年」を迎えた日本の切実な課題です。

もちろん、この転換は決して簡単ではなく、これまで「死者への視線」を欠いてきた戦後日本においては絶望的かもしれません。しかし、それが実現できなければ、これから先の日本により良い未来を展望できないことも確かです。

そこで本書では、愛国心について改めて考えるために、次章以降では、戦後日本において、愛国心がどのように議論されてきたのかを辿っていきたいと思います。

第2章

「日本が好き」は愛国心か――ナショナリズムとパトリオティズム

愛国心の多様な面

「自分の生まれた国を愛するのは当然だ」

「日本の伝統や文化の素晴らしさを教えることが愛国心だ」

としばしば言われます。これらは必ずしも間違いではありませんが、正しいとも言えません。愛国心はさまざまな顔（側面）を持っています。多様で複雑だからこそ、愛国心は繰り返し議論されてきたとも言えます。


まず、愛国心の持つ多様で複雑な面について考えておきましょう。紹介するのは政治活動家として長年にわたって右翼運動に携わってきた鈴木邦男《くにお》の文章です。鈴木は、『〈愛国心〉

に気をつけろ！』（岩波ブックレット）の冒頭で次のように述べています。

「愛はすばらしい。他人を愛する。家族を愛する。近所の人、学校の友だちを愛する。国を愛するということも、その延長線上にある。だから、〈愛国心〉だってすばらしいし、〈愛国心〉をもつことも当然のことだ」

しかし、一転してこう続けます。

「でも、この言葉は利用されやすい。『愛』と言いながら、その反対の『憎悪』や『排除』に使われたりする。〈愛国心〉は人間として自然で、当然の感情であるはずなのに、為政者などに利用され、エスカレートする危険性がある。外国への憎しみを煽って、外国人を排除し、戦争を賛美する道具にもなってしまう。国をとりまく環境が不安定になると、『愛国心があるなら、国を守るために戦争も辞さずの覚悟をもて！』などとも言われる。そんなことが、いまネット空間や路上のデモなどで、平然と叫ばれている。『愛』なのに、『愛』がない。これでは〈愛国心〉がかわいそうだ」

さらに鈴木は続けます。少し長い引用になりますが紹介します。

他国の人を傷つけるような言動をしても、また、そうした行為が少々暴走してしまっても、〈愛国心〉という言葉で正当化される。「日本人なんだから日本を愛するのは当然じゃないか」と言われる。あるいは、批判すると「日本を愛していないのか?」「日本がどうなってもいいのか?」などとも言われる。こう言われてしまうと、誰も反対できない。反対できないから、その言葉は力をもつ。あらゆることが許され、認められてしまう。「普通」「当然」「常識」と言われてしまえば、そうした大勢の声に反対する人もいないし、疑問に思う人もいなくなってしまう。少しでも疑問に思ったり、異議を呈したりすれば、すぐに「売国奴」「非国民」という罵声が浴びせられる。そう言われてしまえば、みんなが住んでいるこの国を裏切り、他国に売り渡そうとしている人間だ、と認定されたも同然。もはや、この国の国民ではない、とされる。この国に住む権利はないし、この国で生きていく資格はない、と。疑問や批判に対して、「ここがおかしい」と議論するのではなく、その人間の存在自体が総体として否定されるのだ。人間を排除し〝抹殺〟してしまう行為も、〈愛国心〉のもとに、よいこととされる。「愛国無罪」だ。

考えてみると変だ。愛を説きながら、憎しみや排除が暴走する。(以下略)

〈愛国心〉は美しい花だ。しかし毒ももっている。そのためなら死んでもいいと思わせる。至上の愛だ。最上のストーカー行為だ。(中略)

愛はすばらしいし、美しい。しかし、時として暴走する。〈愛国心〉もそうだ。特に「愛国者」が集まり、「愛国運動」を起こすと、急にエスカレートし、他人の迷惑を考えないことが起きやすい。また、運動している人間を甘美に駆り立てる。この気分の中で、死んでもいいと思わせる魔力もある。この気分は、生命を軽く考えることにつながる。自分の生命だけでなく、他人の生命をも軽く考える。（中略）

政治がうまく機能していない、世の中がよくならない。民主主義社会の中での問題は、言論活動によって解決していくべきなのだが、言論活動が力を発揮できていない、と絶望しはじめると、「愛国」の誘いは甘美に映る。言論活動など無駄だ。「愛国」にもとづいた行動ならば、どんなことでも許される。そう錯覚してしまう。

（鈴木邦男『〈愛国心〉に気をつけろ！』）

私たちは、自分の生まれた国を愛することは当たり前のことで、それほど難しいことではないと考えがちです。しかし、鈴木の指摘するように、愛国心は多様な面を持ち、愛国心を考えることは決して簡単ではないことが分かります。なぜなら、愛国心は無条件に良いものではなく、時に危険な側面を持つものだからです。

先に述べたように、本書では戦後日本の愛国心の歴史を辿りながら、これからの愛国心の向き合い方について考えていきます。しかしその前に、多様な面を持つ愛国心を考える上で、基本となる概念のいくつかについて整理しておきましょう。

パトリオ（祖国）とパトリオティズム

意外かもしれませんが、日本の歴史を見ると、江戸時代末期まで「愛国」という言葉はほとんど見当たりません。「愛国」の言葉が使われるようになるのは明治時代に入ってからです。

例えば、明治の思想家である西村茂樹は、「現今本邦ニ用フル愛国ノ義ハ支那《シナ》ヨリ出タルニ非ズシテ、西洋諸国ニ言フ所ノ〝パトリチィズ〟ヲ翻訳シタル者ナリ」（『尊王愛国論』）と述べています。つまり、日本における愛国心という言葉は、明治時代の近代国家を建設する過程で、欧米語に対応して作られた言葉でした。

日本の「愛国」「愛国心」「祖国愛」は、英語ではいずれも「パトリオティズム（patriotism）」と訳されます。例えば、教育学関連の辞典で「愛国心教育」は、「education for patriotism」と訳されるのが普通です。

パトリオティズムの語源はラテン語の「パトリア（patria）」に由来しています。パトリアとは「祖国」を意味しており、その「祖国」とは、「先祖代々住んできた国」や「自分が生まれた国」を指しています。

つまり、パトリアは同一の祖先を持つ家族や民族を指し、言語や慣習、また自分自身の存在や文化が共通の祖先から伝えられたものであり、現在においてそれを共有しているという自覚がパトリオティズムです（市川昭午『愛国心——国家・国民・教育をめぐって』）。

ただし、歴史学者の将基面貴巳は、パトリアを「祖国」とだけ訳したのでは不十分であると述べています。将基面によれば、「祖国」とは何かという問題は、古代ローマの哲学者であるキケロに辿り着くと言います。そのキケロは、「祖国」を「自然的な祖国」と「市民的な祖国」の2種類に分けています。

「自然的な祖国」は、自分の両親への愛情や、生まれ育った場所への愛着と関係するもので、簡単に言えば生まれ故郷のことです。

一方、「市民的な祖国」は、自分が市民権を有する国という法的な共同体を意味しています。これは、土地、自然環境、そこに住む人々を指す「自然的な祖国」とは対照的であると同時に、抽象的な存在であると言えます。

二つの「祖国」のうち、キケロが重視したのは「市民的な祖国」の方でした。キケロは、生まれ育った故郷に住む人々に愛着を感じることより、自分が市民権を有する国、つまりローマで実践されていた共和政という政治形態（共和主義）を重視していました。

ここで言う「共和主義」とは、市民の自治を通じて、市民にとっての共通善（特に自由や平等、そして、そうした価値の実現を保証する政治制度）を守ることを重視する思想です。つまり、ヨーロッパの国々における愛国心とは、「共和政的な政治的価値や制度を防御することにこだわる思想／政治的姿勢」だと言うことができます。したがって、市民の共通善を脅かす暴政の権力の乱用に抵抗する態度が愛国心と理解され、愛国者とは多くの場合、反体制派に属するものでした（将基面貴巳『日本国民のための愛国の教科書』）。

ところが、日本において愛国心は、ともすれば保守派が日本の歴史や伝統の尊さを主張するもののように受け取られています。歴史や伝統、そして国家を否定することは、愛国心とは対立するもののように受け取られる場合も少なくありません。

しかし、「愛国心」の本来の意味は、より良い国家を実現すること、キケロの言葉を借りれば、公共善を実現することであり、単に自分の国の歴史や伝統を無条件に尊重することではないのです。

ネイション（国民・民族）とナショナリズム

「愛国心」の日本語訳は「パトリオティズム」であると言いましたが、「〝愛国心〟は〝ナショナリズム〟の訳ではないの？」と思われた方もいるのではないでしょうか。

実は、「ナショナリズム」も「パトリオティズム」も日本語では「愛国」や「愛国心」と訳されます。本来この二つは違う思想的出自を持っていますが、18世紀後半に世界的に合流し、重なり合い、時に混同して使用されることになった結果、現在の日本では「愛国＝ナショナリズム」という理解が広まったとされます（将基面貴巳『日本国民のための愛国の教科書』）。では、「ナショナリズム」とは何でしょうか。「ナショナリズム」の語源はラテン語の「ナティオ（natio）」です。この「ナティオ」は英語でいう「ネイション（nation）」で、ナティオ（ネイション）への忠誠心というのがナショナリズムの起源であるとされています（将基面貴巳『愛国の構造』）。

ナショナリズムの概念は多義的で、論者によってその定義はさまざまです。おそらく、ナショナリズムの定義を集めただけで何冊もの本ができるはずです。ただし、ここではごく一般的な定義を紹介しておきます。日本の代表的な政治学者の丸山眞男《まさお》の定義です。

ナショナリズムはあるネーションの統一、独立、発展を志向し押進めるイデオロギー及び運動である。（中略）ナショナリズムに生命力を付与するものはネーションの主体的契機と呼ばれているところの（民族あるいは国民）意識に他ならない。ナショナリズムはこうした民族意識が一定の条件の下に単なる文化的段階から政治意識と行動にまで高まったときに初めて出現する。ナショナリズムの最初の目標がどこでもネーション内部の〝政治的〟統一（共通の政府の樹立）及び他国に対する〝政治的〟独立（国際社会における主権の獲得）として表現される所以である。

（丸山眞男「ナショナリズム」）

この定義は、今日までのナショナリズム論の基本となっていると考えられます。しかし、総花的で焦点が絞りにくいかもしれませんので、将基面の定義も紹介しておきましょう。将基面は、ナショナリズムを「自らのネイション（国民、民族）の独自性にこだわり、それに忠実であること」と定義しています。この定義について、将基面は次のように説明しています。

ネイションにこだわるということは、言語、歴史、慣習などネイション独自の文化にこだわるということです。そして、それは自分とは異なるネイションの人々に対し、潜在的に対立的な関係にあることも意味しています。

ネイションの文化や国土の独立を守ろうとするなら、当然、外部のネイションはそれらへの脅威と見做《みな》されます。あるネイションにとって別のネイションが対等な関係であれば理想的ですが、そうではなく脅威を感じて敵と見做される場合がある、ということはナショナリズムを考える際の重要なポイントです。

このナショナリズムについての言及は愛国心を考える際にも大切です。

（将基面貴巳『日本国民のための愛国の教科書』）

ナショナリズムとパトリオティズムの違い

このように元々パトリオティズムとナショナリズムには違いがあります。パトリオティズムは、歴史の時代を問わず、すべての人種・民族に認められる普遍的な感情です。これに対してナショナリズムは、国民国家としての新しい政治共同体への独自性にこだわり、それに対する忠誠と愛着を含んだ感情であると言えます。

例えば、政治学者の百地章《ももちあきら》は次のように分類しています。

○パトリオティズム（郷土愛）…自らの目で見、自らの肌で感じた故郷つまり父祖の地（パトリ）への愛着心。

○ナショナリズム（愛国心）…国家（ネイション）という抽象的で観念的なものに対する感情。

（百地章『憲法の常識　常識の憲法』）

言い換えれば、パトリオティズムは人間の自然な感情であり、特に教育される必要はないが、ナショナリズムを育成するためには、意識的な努力や教育が必要であるということになります。

こうした両者の違いについては、「はじめに」でも紹介した田中美知太郎が明確に説明しています。田中は、パトリオティズムを「わたしたちの言語や習慣、あるいはまたわたしたち自身の存在や文化が、わたしたちの共通の祖先から伝えられたものであって、わたしたちはこれを共有しているのだという自覚」であると述べます。

一方、田中は、ナショナリズムは主観的な面では父祖から伝えられたものの共同を意識するパトリオティズム（祖国愛）と同じものであるが、「そのような意識や感情であるよりも、そういう共同の意識がもとになって、外にあらわれる運動であり、行動である」と述べ、次のように続けています。

その運動の主要なものは、国民的統一の形成であり、具体的には、言語、種族、日常習慣、その他の昔からの共同を基礎にする国家の建設であると言うことができるであろう。ナショナリズムの運動は、民族意識が国家の形成に発展し、国民的自覚とか、国家意識とか呼ばれるものを生み出す過程において考えられる。しかしこのような運動は、それだけで存在するのではなくて、他の同じような運動とも接触しなければならない関係にあると言わなければならない。現代は、一方においては、ナショナリズムの時代であると共に、他方において、インター・ナショナリズムの時代なのである。

（田中美知太郎「愛国心とナショナリズム」）

このように見てくると、パトリオティズムの訳語は「愛国心」ではなく、本来は「愛郷心」や「郷土愛」と訳するのがふさわしいと言えます。実際、そのように訳している文献も少なくありません。

フランス革命の影響を受けて輸入された「ナショナリズム的パトリオティズム」

では、本来は違いのあるパトリオティズムとナショナリズムがどうして同じ「愛国心」と訳されるのでしょうか。

将基面はその理由について、そもそも欧米から入ってきたパトリオティズムが、本来の意味でのパトリオティズムではなく、ナショナリズムに影響を受けたパトリオティズムであったからであると説明しています。

本来のパトリオティズムがキケロを起源とすることはすでにお話ししましたが、このパトリオティズムは、フランス革命によってナショナリズムの色彩を強くしていくというのが将基面の説明です。フランス革命の歴史的な詳細は省略しますが、将基面は次のように述べています。

18世紀フランスの場合、カトリックの聖職者たちはヨーロッパ全体に張り巡らされたカトリック教会のネットワークの一員としての意識の方が、フランスという国のメンバーであるという意識よりも強かったのです。

つまり、特権階級の構成員である貴族や聖職者たちは、ヨーロッパ諸国の同一身分の人々と連帯しており、国内の第三身分の人々との連帯意識は持っていなかったのです。

このような特権階級を打倒するために立ち上がった第三身分の人々は、自分たちを〈愛国者《パトリオット》〉であり〈国民《ネイション》〉であると自称しました。そして特権階級の人々も彼らのことを〈愛国者《パトリオット》〉や〈国民《ネイション》〉と呼んで敵視しました。

革命が成就し、政治的支配の主導権を奪ったブルジョアジー（中産階級の人々）たちは、すべての人々にフランス国民という意識を植え付けるために、様々な祝典、儀礼、教育を行いました。フランス国民としての歴史を教え、フランスの国語を作り、フランスの文化を創出したのです。

ここで、パトリオティズムとナショナリズムが重なり合いました。〈祖国《パトリア》〉という言葉が指すものが、共和政の価値観や制度だけでなく、フランス国民独自の文化、言語、歴史、景観美も指すようになったのです。

（将基面貴巳『日本国民のための愛国の教科書』）

明治時代、日本に輸入されたパトリオティズムは、ナショナリズムの影響を受けたものでした。将基面はこれを「ナショナリズム的パトリオティズム」と呼び、キケロ以来の「共和主義的パトリオティズム」と区別します。

しかし、明治の「愛国論争」を経て、明治日本が選択したのは、「ナショナリズム的パトリオティズム」でも「共和主義的パトリオティズム」でもなく、「愛国」「愛国心」に「忠君」（天皇に対する忠誠）を接続した「忠君愛国」という新しい概念でした。

そのため、現在の私たちがイメージするのは、国家としての政治的価値や法制度のあり方の問題ではなく、もっぱら日本の歴史と文化、伝統に焦点化された愛国心ということになります。

戦後日本のナショナリズムへの拒否感

戦後、日本では人間の自然な感情であるパトリオティズムは肯定されるものの、政治的な争点となるナショナリズムは否定的に捉えられてきました。そこには、昭和戦前期に愛国心がもっぱらナショナリズムとして強調されてきたことへの拒否感が影響しています。

例えば市川は、日本ではパトリオティズムとナショナリズムが混在していると指摘しながらも、具体的な論議では愛国心＝パトリオティズムと解することでは右派（保守派）も左派（革新派）も一致していると述べています。その理由を市川は次のように整理しています。

左派の場合は、ナショナリズムと等置されてきた従来の愛国心を受け入れるわけにはいかないが、愛国心をすべて否定することもできないので、古い愛国心とは区別された愛国心を必要とした。そこで国家を対象とする愛国心をナショナリズムとし、郷土の自然や文化などを対象とする愛郷心をパトリオティズムとして肯定することにした。

他方、右派の場合は、愛国心を人間誰もが有する自然の情であることを納得させるために家族愛→郷土愛→愛国心→人類愛という連鎖において説明しようとした。そのためには愛国心を国家愛的なニュアンスが強いナショナリズムではなく、郷土愛的な色彩の濃いパトリオティズムと解する必要があった。

この指摘は、戦後日本の愛国心論議を見ていく上で重要です。特に、学校の道徳教育で取り上げられている教材は、日本の歴史と伝統の素晴しさを強調することで愛国心の育成につなげようとする傾向が顕著です。言い換えれば、戦後日本では愛国心を国家の政治的価値や法制度のあり方としてのナショナリズムの問題として論じようとする視点が弱いのです。この点については後でも言及します。

国家は自らの中に内在している

「愛国心＝パトリオティズム」として捉えることの背景には、戦後日本の国家に対する向き合い方も関係しています。結論から先に述べれば、戦後日本の国家に対する向き合い方は総じて消極的でした。逆に言えば、戦後日本が国家に向き合ってこなかったことが、愛国心についての議論を混迷させた大きな要因であったと言えます。

もちろんそこには、昭和戦前期に日本が辿った歴史的な背景も色濃く影響しています。この点を政治学者の坂本多加雄《たかお》は次のように述べています。

戦時中、政府当局によってヒステリックにまで昂揚された「国家」や「民族」や「愛国心」といったシンボルに日本国民の多くが鬱陶《うっとう》しい気持ちを抱き、食傷したのは事実である。ましてや、そうしたシンボルのもとで、一身を挙げて努力した上の惨憺たる敗戦であったから、少なからぬ人々が、金輪際、そうしたシンボルに関わりたくないと思うようになったのも理解できる。また、いかなる理由を掲げようとも、そうした敗戦という結果をもたらしたことは国家運営上の大失敗であった。（中略）

戦後のマスコミ世論の大勢においては、日本人は「国家」や「国民」のような時代遅れの事柄に固執するのではなく、何よりも「人類」の立場に立たねばならないとして、先の「世界に先駆けて不戦を誓う」という「理想主義」が広がっていくことになった。そこでは、およそ国家という存在について、積極的な見地から考察を加えるといったことは望むべくもなかった。むしろ、「国家」という言葉を聞くだけで拒否感情が先走るという、いわば、「反国家フェティシズム」とでも呼びうるような傾向が見られることにもなったのである。

（坂本多加雄『国家学のすすめ』）

ここには愛国心に関わる戦後日本の抱えた問題状況が的確に述べられています。

さて、国家の定義については、この後の章でも考えますが、その前提として確認しておきたい点を二つだけ述べておきましょう。

まず一つは、私たちは国によるさまざまな行動に対して一定の承認を与え、一定の期待をしているという意味で、「国家を自らの中に内在している」ということです。

これは国家観の問題でもあります。私たちがどのような国をつくるのか、ということについて私たち自身の中に新たな国家像と国民像を明確にする努力が必要です。言い換えれば、国家は私たち自身の中に内在しているということ、私たち自身の心の中に国民として反応する部分があることを自覚する必要があるということです（坂本多加雄『求められる国家』）。

本書のはじめに、三島由紀夫の愛国心という言葉への批判について触れました。国家は私たちの中に内在しているということは、三島が「自分がのがれようもなく国の内部にいて、国の一員であるにもかかわらず、その国というものを向う側に対象に置いて、わざわざそれを愛するというのが、わざとらしくてきらいである」と述べたことにも重なります。

もう一つは、国家とは「正当な暴力を独占している団体」だということです。ドイツの社会学者のマックス・ウェーバーが、『職業としての政治』の中で、「国家とは、ある一定の領域の内部で――この『領域』という点が特徴なのだが――正当な物理的暴力行使の独占を（実効的に）要求する人間共同体である」と述べたことはよく知られています。

ここでいう「正当な暴力」とは、警察と軍隊（自衛隊）を指しますが、これらを持つことで、一定の領域内で人々の安全を確保しています。したがって、国家を否定するということは、警察と軍隊を否定することでもあり、逆にいえば、犯罪と紛争が繰り返される無秩序な状態の中に国民の生命・財産を無防備にさらすことを容認することでもあります。人間社会には、暴力を用いなければ解決できないことがあるというリアルな現実を認める必要があります。

一方で、国家は権力を持っています。その用途を間違えれば悲劇を生み出すことになります。したがって、私たちはリアルな国家の姿を直視し、権力が誤った方向へ乱用されないようにするためにも国家と向き合い、愛国心について考えることが大切なのです。なぜなら、国家を否定することで平和が実現するわけではないからです。現代社会の中で、国家と向き合うということは決して簡単なことではなく、冷静なリアリズムの中での覚悟が必要となるからです。この点については後でまた触れたいと思います。

「日本が好き」と「愛国心」の違い

ところで、愛国心とはそのような小難しいことではなく、単純に「日本人だから日本が好き」と考える人も多いと思います。では、愛国心の「愛する」ということについて考えてみたいと思います。この点についても将基面の指摘を参考にしておきましょう。将基面は、二つの対照的な愛し方に分けて説明しています。

一つ目は、「盲目的な愛」です。これは相手を理解せず、ただひたすら恋焦がれることです。そしてもう一つは、「愛のまなざし」による愛です。「愛のまなざし」とは、イギリスの小説家で哲学者であったアイリス・マードックの提唱したもののことですが、これは、相手の良いところを見ようとする愛情に根差した、相手を理解しようとする態度と言い換えることができます。

「愛のまなざし」による愛は、「盲目的な愛」と違って相手を無条件に溺愛することではありません。例えばそれは、日本の優れた業績を正当に認めると同時に、日本の欠点や日本が犯した過ちもしっかり理解しようとし、日本の短所を改めようとする努力を伴うものです。

将基面は次のように述べています。

日本に「愛のまなざし」を注ぐためには、優れた業績だけでなく、できれば目を背けたくなる過去の恥ずべき行動についてもしっかり理解をする必要があります。

その意味で、自分の国に関して良いところばかりを見てこれを自慢するのは盲目的な愛でしかない。自分の国の良いところも悪いところもひっくるめて正確に理解する努力が、本当の愛により近いと言えるのではないでしょうか。

（将基面貴巳『日本国民のための愛国の教科書』）

自分の国の「良いところも悪いところもひっくるめて正確に理解する」ということは、言葉で言うほど簡単なことではありません。なぜなら、そのためには日本の歴史と現在の問題点についても基本的な知識を持ち、その上で合理的に認識・判断しようとする努力が求められるからです。歴史や文化の欠点を欠点として直視することは、ある種の悲しみと苦しみを伴うことがあります。勇気と覚悟が必要となる場合もあります。

本章では、愛国心の多様な側面と愛国心を考える上で前提となることについてお話ししました。では次に、愛国心は戦後日本の中でどのように論じられてきたのか、そして愛国心を考える上で大切なことは何かについて考えていきましょう。

第3章 戦後日本の愛国心の模索

第1節 「新しい愛国心」論争

敗戦後の「新しい愛国心」論議

太平洋戦争（大東亜戦争）は、国民を根こそぎ動員する総力戦でした。その敗戦により国民の受けた傷は計り知れないものでした。特に、兵士・一般国民を含め、約３１０万人という夥《おびただ》しい数の戦死者を出したことは、あまりに過酷で悲惨な出来事でした。敗戦は、近代日本が作り上げてきた社会構造や国民の意識を根底から揺り動かすものでした。

過去に例のない戦争経験は、改めて国家のあり方を厳しく問うことになりました。その主要な争点となったのが愛国心に関する議論でした。

戦後日本の歴史では、基本的に愛国心に関する議論は「タブー」でした。例えば、教育評論家の新井恒易《つねやす》は、「戦後において、まことに『愛国心』という言葉は、何か口にするだけでも気恥ずかしく、空々しいものであり、タブーのようでもあった」（『日本教育年鑑一九五二年版』）と述べています。

しかし、少なくとも敗戦直後においては、愛国心は決して「タブー」ではありませんでした。現在では、愛国心は保守派の「専売特許」のように思われがちですが、この時期の愛国心は、右派（保守派）だけでなく左派にとっても関心のあるものでした。それどころか、敗戦直後は、むしろ政府に批判的な左派の人々の側から積極的に主張されました。

実際、敗戦から1948（昭和23）年までの時期では、河上肇《かわかみはじめ》（マルクス経済学者）、野坂参三《のさかさんぞう》（初代日本共産党議長）、鹿地亘《かじわたる》（小説家）、佐野学（社会運動家）、志賀義雄《しがよしお》（日本共産党中央委員）、田中美知太郎（ギリシャ哲学者）、出隆《いでたかし》（哲学者）、恒藤恭《つねとうきょう》（法哲学者）、尾崎行雄（政治家）、清水幾太郎《いくたろう》（社会学者）、中野好夫《よしお》（英文学者）、南原繁《なんばらしげる》（東大総長・政治学者）、柳田謙十郎《やなぎだけんじゅうろう》（哲学者）、横田喜三郎《きさぶろう》（国際法学者）、船山信一《ふなやましんいち》（哲学者）など多彩な人々が、愛国心に関わる論稿を積極的に発表しています。

この顔ぶれからもわかるように、戦後日本においては、愛国心の必要性は左右いずれからも主張され、もちろんそれらは、戦前・戦中に強調された「欲しがりません、勝つまでは」「笑顔で受け取る召集令状」などの戦争スローガンが唱導した愛国心とは異なる「新しい愛国心」でした。

日本共産党指導者の唱えた「新しい愛国心」

愛国心への関心を呼び起こす契機となったのは、1946（昭和21）年1月、ソ連と中国に亡命していた日本共産党の指導者であった野坂参三が帰国して行った、「民主戦線によって祖国の危機を救え」と題する講演でした。

野坂は、日本を滅亡から救うための愛国を説き、「共産主義者こそ、真にその民族を愛し、その国を愛するものである」と述べ、次のように続けて民主統一戦線を提唱しました。

民衆自体の生活のうちに深く培われ、彼等が自然に示すその民族、その国土への愛着は、ファシスト的「愛国」主義とは、全く反対のものである。それは威嚇的なものではなくて自由であり、排外的なものではなくて友愛的なものであって、決して平和的国際精神と矛盾するものではない。

われわれは日本民衆と共に、ファシストによって破壊され、劫掠《こうりゃく》された国土と民族生活の再建のため、全力を尽して努力せねばならぬ。

（野坂参三「民主戦線の提唱」）

こうした左派が唱える「新しい愛国心」は、戦前・戦中の愛国心を「攘夷的愛国心」「忠君的愛国思想」と捉え、反近代的なものであると批判することで共通していました。
例えば社会学者の日高六郎は、左派の「新しい愛国心」について、「いま日本では、勤労者階級を中心に、アメリカの従属国的立場からの解放という内容をもった前進的な〝愛国心〟が、はじめて意味をもちはじめている。教育内容については、生活綴方《つづりかた》運動、歴史教育、郷土教育、平和教育をつうじて、あたらしい愛国心が問題となってきている」（『教育学事典』１９５４年）と述べています。

清水幾太郎「自分の国家を愛し、その発展を願ひ、これに奉仕しようとする態度」

もちろん、左派だけでなく右派（保守派）も、「攘夷的愛国心」「忠君的愛国思想」を否定した「新しい愛国心」を提起しました。ただし、この時期に主張されたものの多くは、愛国心を哲学史上の問題として解説するものか、または、論者自身のそれぞれの愛国心論を表明することに終始したものでした。そのため、愛国心の本質を「執拗に問題をほりさげ、くりかえして論議をするとか、学問的な用意をもって問題にのぞむとかそういう態度は乏しかった」（大熊信行「日本の愛国心論争」）と言えます。また、愛国心を論じているにもかかわらず、その対象である国家については全く触れていないものも少なくありませんでした。

そうした中で、1950（昭和25）年に刊行された清水幾太郎の『愛国心』（岩波書店）は、学問的な体裁を整えたものと評価されます。この中で清水は、愛国心を「自分の國家を愛し、その発展を願ひ、これに奉仕しようとする態度」と定義しています。そして清水は、ヨーロッパ思想の概説を紐解きながら、個人と世界（コスモポリタニズム）の欠如したところに日本の愛国心の問題点を指摘し、「民主主義と愛国心の結合」の必要性を説いています。

私は、この清水の定義は的確なものと思います。それと同時に、清水がこの著書で吐露した愛国心に対する複雑な思いにも注目します。

清水は、愛国心という言葉は、「吾々の心の急所に觸《ふ》れる。國民心理の根本に刺戟《しげき》を與《あた》へる」としながら、「併《しか》しこの言葉は如何にも後味が悪い」と述べています。また清水は、「ハッとするけれども、その後に、何か割り切れぬもの、宙ぶらりんのもの、滓《おり》のやうなものが残る。どんよりとしたものが心の底に澱《よど》んでゐる」と表現し、「愛國心といふ言葉は今も昔も特殊な感情的價値を持つてゐるが、この後味の悪いといふところに、現在の吾々の地位と運命とが覗いてゐると言はなければならない」と続けています。

清水の愛国心に対する率直な思いは、先に紹介した鈴木邦男の文章とも重なります。それは、「攘夷的愛国心」「忠君的愛国思想」の下で戦ったという清水の戦争経験が深く密着するものでした。

愛国心は資本家と労働者で異なるか

敗戦後の愛国心論議として注目されるものの一つが、1948（昭和23）年8月の『世界』に掲載された座談会「世代の差違をめぐって——進歩的思潮の批判と反批判」です。この座談会では、敗戦後の労働運動の動向などを視野に入れながら、戦後日本をいかに再建するかという現実的な議論が展開されました。

例えば、哲学者・教育者であった安倍能成《あべよししげ》は、当時の国内状況を視野に入れながら次のように述べています。

私が考えるのには、日本の再建のためには、日本国民の中から出た——軍閥の命令とか官僚の拘束とかによらない——ほんとうの意味の愛国心が生れてこなければいけない。そういうふうに考えておる。ところが、今の新しいジェネレーションは、——或は現代の前面に働いている人々といった方がいいかもしれない——軍閥の日本を倒して新しく民主主義の日本を建設する、ということを標榜して活動しておるけれど、その意図の中にはたして日本国を愛し日本国民を愛するという気持がどのくらいあるか、ほんとうにまじめな日本国民の意図をどれだけ代表しているか、またどれだけ多数の正直な民衆を味方にしているか、そういう点が稀薄じゃないか、私から見ると、そういう懸念がある。それで、戦争後の混乱に乗じて自分のエゴイズムを主張することが、いわゆる民主主義的行動の主要動機になっているように思われる。例えば、労働者の立場から自分の階級の利益を主張することが民主主義の重要な運動になっている。そうしてそのために待遇の向上をはかる。この事自身はわるいことではないが、彼等がどれだけ日本国や日本国民に対して責任を感じているかが問題である。彼等の多数はできるだけ賃金を多くとり、できるだけ勤労の時間を少くし、その時間内にできるだけなまけようとしているのではないか。

これに対して哲学者の松村一人は、愛国を正しく理解するためには、何が実際に主張されているかを見なければならず、二つの階級のどちらの利害が愛国の名によって主張されているかを見きわめる必要がある。また、愛国によって一部の人間の利益のために大多数の幸福が犠牲になってはならないが、安倍の発言は労働者の当然の要求が不当だと考えられており、「資本家のやることが何でもよいという弁護論になっている」と批判しました。

また、法学者の磯田進は、国家あるいは民族というものを一つのものと考えることが問題であり、実際には階級的な利害によって分裂している。したがって、愛国という場合の具体的な内容も、その立場によって規定されるということを承認しなければ、「いわゆる愛国心の問題は解決できない」と述べて、安倍を批判しました。

敗戦直後の愛国心論議が、左派の主張する「新しい愛国心」を模索したものであることはすでに述べた通りです。それは、松村や磯田の発言にも明確に確認できます。

これに対して安倍の発言は、左派的な階級闘争的な立場からなされていた愛国心論を批判し、上からではない国民の立場から提起される愛国心を主張するものでした。こうした安倍の立場は国家の存在の是非を問うものではなく、国家の存在を前提とし、国家を自らに内在化させることの必要性を説くものであり、それは同じ座談会に参加した天野貞祐や和辻哲郎などの、いわゆる「オールド・リベラリスト」と言われる世代の国家論の特徴でした（小熊英二『〈民主〉と〈愛国〉』）。

彼らの国家論は、磯田の言う国家あるいは民族が一つのものではないとする立場とは基本的に対立するものでした。そして、両者の国家論の違いは、戦後日本の愛国心論議における主要な争点となるものでした。

第2節 「静かなる愛国心」と「国民実践要領」

朝鮮戦争と再軍備が突きつけた憲法9条と自衛隊の矛盾

戦後日本は激動の変化を経験しました。国内的には、6年半に及ぶ連合国軍による占領（実質的には米軍の単独占領）によって実施された社会制度全般に及ぶ改革、そして対日講和条約の締結と日米安全保障条約をめぐる論争、「五五年体制」の成立と日米安全保障条約の改定をめぐる「六〇年安保」闘争へと連続していきます。

一方、国際的にはアメリカ合衆国を盟主とする西側諸国（資本主義・自由主義陣営）と、ソビエト連邦（現在のロシア）を盟主とする東側諸国（共産主義・社会主義陣営）との対立が顕著となりました。

1950年代に入ると、日本を取り巻く政治・国際状況は大きく変化していきます。1948（昭和23）年10月にアメリカ国務省の政策企画部が作成した「米国の対日政策に関する国家安全保障会議の勧告」は、占領初期の「非軍事化・民主化」という方針から、経済復興への「転換」を求めました。

このような背景には、中国共産革命の進展、東西ドイツと南北朝鮮の分裂という冷戦構造が明確となる中で、日本を「反共の防壁」とし、経済復興を優先させることで自由主義陣営の一員に留めておくというアメリカの判断がありました。

世界的な冷戦構造が鮮明となる中で、日本にとっても大きな転機が訪れました。1950（昭和25）年6月に勃発した朝鮮戦争です。アメリカとソ連の代理戦争とも言えるこの戦争は、結果的に日本での自衛隊発足の契機となり、日本国憲法第9条をめぐる論議を喚起しました。

周知のように、日本国憲法第9条は戦争放棄を掲げました。戦後の長い間、日本国憲法がアメリカの「押し付け」か否かをめぐる論争がありました。今日では、日本国憲法が「押し付け」られたものであることは明らかであり、争点とはなっていません。しかし、戦争で憔《しょう》悴《すい》した日本国民が、戦争放棄を掲げた日本国憲法を受け入れたことも事実です。その背景には、戦争への強い絶望感と嫌悪感、そして空虚感がありました。

しかし、日本に戦争放棄を「押し付け」たアメリカでしたが、朝鮮戦争が始まると一転して日本に自衛隊の創設を求めました。占領軍の最高司令官マッカーサーは、同年7月8日の書簡で日本政府に7万5000人の警察予備隊の創設を指令し、日本政府はこれに基づき、8月10日に警察予備隊令を公布しました。警察予備隊は次第に強化され、1954（昭和29）年には自衛隊が発足しました。そのため日本は、日本国憲法第9条による戦争放棄、戦力の不保持を掲げながら、自衛隊を持つという「ねじれ」を抱え込む結果となりました。

こうした状況を背景として、戦後日本の憲法論議は、憲法第9条が主要な争点となりました。日米安全保障条約に基づくアメリカの庇護の下で達成された戦後体制の中で、戦後日本は明らかな軍隊である自衛隊を保持しながら、一方では「平和主義は絶対である」という理念を掲げる独特の思考を作り上げたと言えます。

その思考の根拠となったのは、日本国憲法前文の「日本国民は、恒久の平和を念願し、(中略)平和を愛する諸国民の公正と信義に信頼して、われらの安全と生存を保持しようと決意した」という規定です。

しかし、「平和を愛する諸国民」の存在を前提として打ち立てられた思考は、そもそも「国家は暴力を持つ組織である」というリアルな現実とかけ離れたものです。戦後に繰り返されることになる防衛・安全保障・平和をめぐる論争の根幹には、こうした理想主義と現実主義との絶えざる緊張がありました。

言うまでもなく、それは戦争によって焦土と化した日本をどのように立て直すかという国家観の問題でもありました。当時首相だった吉田茂は、当初は再軍備を拒否していました。しかし、朝鮮戦争以降は早期講和と警察予備隊の設置を推進し、それを実現するためには国民の独立心と愛国心の回復が必要であると繰り返し強調するようになります。

例えば吉田は、1950（昭和25）年7月14日の第8回臨時国会の施政方針演説において、愛国心と独立心を強調し、「早期講和を期するにあらずんば、わが国民の愛国心、独立心の維持はむずかしい」と述べています。

国旗掲揚・国歌斉唱を奨励した文部大臣談話

同じ年の10月17日、文部大臣の天野貞祐《あまのていゆう》は記者会見で、「文化の日その他国民の行事についての談話」（以下、「天野談話」）を発表しました。

「天野談話」の趣旨は、文化の日その他の国民の祝日においては、各学校が「学生、生徒・児童に対してこれらの祝日の意義を徹底させ、進んで国家及び社会の形成者としての自覚を深く意識させることは必要」であるとし、「各学校の行事の際には、国旗を掲揚し、国歌を斉唱することが望ましい」というものでした。この談話の内容は同日付けで地方教育委員会、都道府県知事、国公私立大学長などに通達されました。

翌1951（昭和26）年2月7日、天野は衆議院予算委員会において、この談話の趣旨について「私は決して国旗を立て、国歌を歌えば、それで事足ると考えているわけではございません。けれどもごく小さい子供たちが、自分はどこの国の人だかわからないというようでは困るということのために、国旗を立て、また国歌を歌うことが望ましい」と答弁しています。しかし、これが戦後教育における愛国心問題の発端となりました。

本書でもこの後たびたび登場する天野貞祐について補足しておくと、彼は文部大臣を務めましたが政治家ではありません。天野は京都帝国大学の教授であり、専門は哲学（特にカント哲学）、倫理学です。1950年5月、吉田首相に請われて第三次吉田内閣の文部大臣となりました。

文部大臣退任後は中央教育審議会会長を長く歴任するとともに、獨協《どっきょう》大学を創設し、学長も務めました。敗戦直後、安倍能成、田中耕太郎、森戸辰男などの学者が文部大臣となることが続きましたが、（「学者文相」とも言われました）天野もその一人です。

さて、天野によれば、敗戦によって国民が自分の国に対して矜持（誇り）を失うこと、特に青少年が国民としての矜持を失うことは、「精神的毒殺であり、国民的自殺」であると述べています。天野にとって、青少年が自分の国に対して愛と矜持を持つことができるようになるための最上の方法が「国旗を見たり国歌を斉唱すること」でした。

しかし、「天野談話」に対して、日本教職員組合（日教組）は同年10月21日の中央闘争委員会で「君が代を国歌として歌わせることに反対する」「新国歌制定運動を起す」との方針を決定しました。また「天野談話」の撤回を求めて、天野に「声明書」を提出しました。

これに対して天野は、次のように述べています。

「君が代」についてはいろんな議論があるが、そういう議論は今日においても「君が代」を旧憲法の主権者と解するから起こるのであって、天皇は「日本国の象徴であり、日本国民統合の象徴」であることを理解すればこのままで何の差し支えもないと思う。「君が代」とは「天皇を象徴する国」即ち日本国ということである。天皇は主権者でなくして象徴であり、国民が主権者である。即ち象徴たる天皇は、主体でなくして主体は日本国であり、日本国民の統合である。それゆえに象徴を尊び敬うことは象徴される主体たる日本国と日本国民の統合とを尊び敬うことである。

（『天野貞祐全集5　教育論』）

この内容は、天野の天皇論についての説明が必要ですが、この点はまた後述したいと思います。

「静かなる愛国心」の提唱と「国民実践要領」の公表

1951（昭和26）年2月、天野は衆議院予算委員会において「天野談話」の趣旨を説明する中で、自らの愛国心論に言及しています。天野は次のように言います。

愛国心といえば、従来何か戦場に出てはなばなしいことをやるとか、そういう異常な普通でないことが、愛国心であるような考えが、今まで支配的であった。けれども愛国心というものは、そういうものではなくして、ほんとうにこの国土が、この日本が、自分たちの基盤なのである。自分たちはこの国土を離れてないのであって、またこの国土は自分たちを離れてもないのである。そういう自分たちの実体であり、国家の実体がまた自分たちである。そういう精神をどうか植えつけたい。いいかえれば、激越的な愛国心ではなくして、静かな、ほんとうにこの国を自分の国と考える、自分がこの国であるという自覚を、どうかしてさせたいということを強く考えておるものでありまして（以下略）。

天野は後にこれを「静かなる愛国心」と称しています。「静かなる愛国心」は、天野の愛国心論を象徴するものですが、この構造を具体的に表明したものが、1953（昭和28）年に天野が文部大臣を退官後に発表した「国民実践要領」です。

元々、「国民実践要領」は、天野が文部大臣在任中に教育勅語に代わる教育（道徳教育）の理念として制定することを意図したものでした。しかし、この試みは結局、実現しませんでした。この経緯については省略しますが、関心のある方は拙著『戦後教育改革と道徳教育問題』（日本図書センター）、『天野貞祐――道理を信じ、道理に生きる』（ミネルヴァ書房）などを参照ください。

「国民実践要領」は、天野個人の執筆と思われており、そのように記述している文献も少なくありません。しかし、実は「国民実践要領」の執筆は、「京都学派四天王」と呼ばれたカント哲学者の高坂正顕《こうさかまさあき》、宗教哲学者の西谷啓治《にしたにけいじ》、西洋史学者の鈴木成高《しげたか》の三人に天野が執筆を依頼したものです。天野によれば、「それぞれ受持ちの部門を執筆され、相互に検討し合って出来上がったものに、わたしがいくらかの私見を加え、命名したもの」（『天野貞祐全集6　道徳教育』）であったとされています。

後に天野は、「国民実践要領」を連名ではなく天野個人の名前で発表した理由について、この時期、高坂、西谷、鈴木の三人が占領軍によって公職追放されていたためであると述べています。こうした経緯を踏まえつつ、本書では「国民実践要領」は天野が執筆したものとして先に進めたいと思います。

「国を愛する」というのは「国をよくすること」

「国民実践要領」は冒頭で、道義を確立するための根本は、自主独立の精神と和の精神であるとし、個人も国家も無私公明の精神に生きることが重要であるとしながら、次のように述べています。

われわれが国家のためにつくすことは、世界人類のためにつくすこととなり、また国家が国民ひとりびとりの人格を尊重し、自由にして健全な成育を遂げしめることは、世界人類のために奉仕することとなるのである。無私公明の精神のみが、個人と国家と世界人類とを一筋に貫通し、それらをともに生かすものである。

（「国民実践要領」）

その上で「国民実践要領」は、「個人」「家」「社会」「国家」の四つの章を設け、それぞれ次のような項目を列挙し、一つずつの内容が説明されています。

第一章　個人——人格の尊厳、自由、責任、愛、良心、正義、勇気、忍耐、節度、純潔、廉恥、謙虚、思慮、自省、知恵、敬虔

第二章　家　——和合、夫婦、親子、兄弟姉妹、しつけ、家と家

第三章　社会——公徳心、相互扶助、規律、たしなみと礼儀、性道徳、世論、共同福祉、勤勉、健全な常識、社会の使命

第四章　国家――国家、国家と個人、伝統と創造、国家の文化、国家の道義、愛国心、国家の政治、天皇、人類の平和と文化

個人から家、国家、さらに人類へと拡大する同心円的な価値の構造は、天野の道徳教育論の骨格というべきものですが、特に本書と直接に関係するのが第四章です。ここでは、愛国心に直接に関係する内容について見ていきましょう。

まず天野は、愛国心の対象である国家について次のように定義しています。

　われわれはわれわれの国家のゆるぎなき存続を保ち、その犯すべからざる独立を護《まも》り、その清き繁栄と高き文化の確立に寄与しなければならない。
　人間は国家生活において、同一の土地に生まれ、同一のことばを語り、同一の血のつながりを形成し、同一の歴史と文化の伝統のうちに生きているものである。国家はわれわれの存在の母胎であり、倫理的、文化的な生活共同体である。それゆえ、もし国家の自由と独立が犯されれば、われわれの自由と独立も失なわれ、われわれの文化もその基盤を失なうこととならざるをえない。
（「国民実践要領」第四章一）

「人間は国家生活において、同一の土地に生まれ、同一のことばを語り、同一の血のつながりを形成し、同一の歴史と文化の伝統のうちに生きているものである」という表現は、現在では異論があるかもしれません。歴史的にも日本は単一民族国家ではないからです（小熊英二『単一民族神話の起源』）。

しかし、ここでのポイントは、「国家はわれわれの存在の母胎であり、倫理的、文化的な生活共同体である」という点にあります。天野は、「少なくとも現段階においては国家が比較をゆるさざる実在性を宿す存在」であり、国家を「人倫的生命体」「高度の実在性を持った統一体」とも表現しています（『天野貞祐全集４　今日に生きる倫理』）。

こうした国家の定義に基づきながら、天野は、愛国心について「国が値打があれば愛し、値打がなければ愛さない」という利害関係に基づくものではなく、「もっと自然に、自分の存在の母胎」であると述べています。

また、「とにかく祖先このかた、同じ土地に住み、同じ言葉を話し、同じ皇室をいただき、同じ運命を背負い、そうして一つの民族を形成した生活共同体、運命共同体」として自覚することであると述べながら、次のように続けます。

祖国はわれわれがその一員を成す主体的存在である。従って国が悪ければよくするというのが愛国だと思います。国を愛するというのは、国をよくすることです。国をよくするにはどうするのかといえば、自分がよくなる。自分がよくなるにはどうすればいいのかというと、自分の職を一生懸命やることである。

（『天野貞祐全集5　教育論』）

「よき日本人であればあるほどよき世界人である」

その上で天野は、「国民実践要領」の中で愛国心を次のように定義します。

国家の盛衰興亡は国民における愛国心の有無にかかる。

われわれは祖先から国を伝え受け子孫へそれを手渡して行くものとして、国を危からしめない責任をもつ。国を愛する者は、その責任を満たして国を盛んならしめ、且つ世界人類に貢献するところ多き国家たらしめるものである。真の愛国心は人類愛と一致する。

（「国民実践要領」第四章六）

中でも、「真の愛国心は人類愛と一致する」ということを天野は繰り返して強調しています。

その前提になったのは、日本的なものと世界的なものを別々のものではなく、表裏一体のものと考える視点です。この点を天野は次のように説明しています。

世界文化という大構想においてわれわれは日本的という個性を滅却してしまうわけではない。真に日本的であればあるほど世界的であり普遍的なのである。われわれ日本人はよき日本人であればあるほどよき世界人であり、よき世界人であるほどよき日本人なのである。（中略）立派な日本人が立派な世界人なのである。福沢諭吉、内村鑑三、夏目漱石、西田幾多郎のような堂々たる日本人が世界人であった、という生きた事実を思うべきである。われわれは世界人類を思う故に国家民族の地盤から遊離してはならない。国家や民族を思うあまり、世界人類に奉仕することを怠ってはならない。日本的であることが世界的であり、世界的であることが日本的であるところに静かなる愛国心は成り立つのである。

（『天野貞祐全集3　信念と実践』）

「日本的であることが世界的であり、世界的であることが日本的であるところに静かなる愛国心は成り立つ」、これは、「われわれが国家のためにつくすことは、世界人類のためにつくすこととなり、また国家が国民ひとりびとりの人格を尊重し、自由にして健全な成育を遂げしめることは、世界人類のために奉仕することとなるのである。無私公明の精神のみが、個人と国家と世界人類とを一筋に貫通し、それらをともに生かすものである」という「国民実践要領」のはじめの文章と一致しています。

天野は、国家の健全なる発展は、国民の「強靭な精神的結合」を基盤としなければならず、それは「国の歴史と文化の伝統」の上に立脚しなければならないと述べます。

また、国民の生命力が創造的であるためには、広く世界に向かって目を開き、常に他の長所を取り入れねばならないと言います。なぜなら、伝統にとらわれ独善に陥れば、「闊達なる進取の気象をはばみ」、自らを忘れて他の模倣追随に専念すれば、「自主独立の精神を弱め」ることになり、いずれも国家に害を及ぼすことになるからです。

天野にとって国家は、「固有なる民族文化」の発展を通じて独自の価値と個性を発揮しなければならないものです。しかし、その個性は決して排他的で狭いものであってはならず、民族文化は、「世界文化の一貫たるにふさわしいものでなければならない」ものでした。

国家と個人の関係はオーケストラのようなもの

では、天野の国家観において、国家と個人の関係はどう理解されていたのでしょうか。この点を説明する際、天野はしばしば戦前の全体主義と個人主義の関係について言及しています。

天野は、「大戦前より戦時にかけていわゆる全体主義思想がわれわれの社会を風靡《ふうび》し、論者はあたかもおのれ自身自己を持たない人間であるかの如くに主張して、個人とか人格とか言う者は非国民の如くに扱われ、免職される恐れがあるばかりでなく身辺の危険さえもあった」と述べ、戦前・戦中の全体主義を批判します。

そして、「全体主義が無自覚に唱道されて社会を支配し、人格ということさえも言ってはならぬなどという時代にあっては個人の品位と尊厳とは如何に強調してもし足りない」と続けます。

しかし、自分自身は「いわゆる個人主義の主張者ではない」という天野は、「個人をもって唯一の実在となし国家をもって単に個人の生命財産を保護しいわゆる幸福を増進するための方便だと考える個人主義は、国家をもって唯一の実在となし個人をもって単なる方便と考える全体主義と同じく誤った見解」であると指摘しています。

その上で天野は、両者の関係を次のように説明しています。

われわれはものを全体として考えなければならない。（中略）ほんとうの個人主義はほんとうの全体主義と一致し、その逆も成り立つともいえる。なぜなら個人を尊重することなくしては全体も成り立たず、全体的考慮なくして個人の良き存在のあり得る道理はないからである。個人と国家を対立せしめて何れか一方を単なる方便となす考え方は簡単であってもそれでは人間存在の真実は捉えられないと思う。

（『天野貞祐全集4　今日に生きる倫理』）

天野は、「国家と個人」との関係を世界と日本との関係に拡大して説明しています。例えば交響楽（オーケストラ）を例としながら次のように述べます。

交響楽において用いられるのは一種の楽器ではない。多数の楽器が演奏されて、そこに一つの大きな構想が実現されるのである。同様に世界文化も各国の文化がそれぞれの個性をもって発展され、その結果内容の豊富な世界文化が成立することとなる。従ってわれわれ日本人は日本文化という楽器をできうるだけ立派に演奏すればよい。そこには日本国を愛し、その伝統を尊重することが必然的に要請される。

（『天野貞祐全集4　今日に生きる倫理』）

そして「国民実践要領」は国家と個人の関係を次のように定義します。

国家生活は個人が国家のためにつくし国家が個人のためにつくすところに成りたつ。ゆえに国家は個人の人格や幸福を軽んずべきではなく、個人は国家を愛する心を失ってはならない。

国家は個人が利益のために寄り集まってできた組織ではない。国家は個人のための手段とみなされてはならない。しかし国家は個人を没却《ぼっきゃく》した全体でもない。個人は国家のための手段とみなされてはならない。そこに国家と個人の倫理がある。

（「国民実践要領」第四章二）

このことは、後に天野が、「自己を国家の一契機として、国家を自己の言わば母胎として、自己において国家活動の一契機を認め、国家活動において自己を見るという静かな落ちついた心情と認識」（『天野貞祐全集4　今日に生きる倫理』）こそが愛国心であると表現していることにもつながります。

「天皇はいつも象徴であった」

ところで、先にも触れたように、天野の国家論の中では、天皇論は重要な位置を占めていました。この点についても言及しておきましょう。「国民実践要領」は天皇について次のように述べています。

われわれは独自の国柄として天皇をいただき、天皇は国民的統合の象徴である。それゆえわれわれは天皇を親愛し、国柄を尊ばねばならない。
世界のすべての国家はそれぞれに固有な国柄をもつ。わが国の国柄の特長は長き歴史を一貫して天皇をいただき来《きた》ったところに存している。したがって天皇の特異な位置は専制的な政治権力に基《もと》づかず、天皇への親愛は盲目的な信仰やしいられた隷属とは別である。
（「国民実践要領」第四章八）

ここで注目すべきは、「天皇は国民的統合の象徴」という表現です。改めて言うまでもなく、これは日本国憲法第1条に示されたものですが、天野の天皇論はこれを素直に受け止めたものでした。正確に言えば、受け止めたというより、そもそも天野の理解は日本国憲法と一致するものでした。

特に天野は、この「象徴」について「考えることはできても、目にも見えず手にも触れられぬような理念的存在を、目に見え手に触れることのできるような感覚的存在が表わしている場合に、理念的な前者に対して感覚的な後者を象徴と言う」と述べています。
また、歴史や文化を離れて日本が存在しないことは、精神を離れて個人が存立しえないことと同じであるとしながら、次のように続けます。

天皇は見ることもでき、写真にもとれる感覚的存在として日本国という理念的全体性の象徴である。日本国民の統合についても統合は目に見えない、そのあり方は物体のそれと違って理念的である。それを天皇という感覚的存在が表わしているから、天皇は統合の象徴である。天皇は象徴であるから天皇を尊ぶことは、日本国を尊び、天皇を敬うことは日本国民統合を敬うことである。元来、象徴という言表わしはアメリカの指示に基づくものであろうが、いわば怪我の功名で、天皇の性格を極めて適切に表現していると思う。

（『天野貞祐全集5　教育論』）

こうした天皇論は、「象徴と規定されたから天皇の影が薄くなった」とする当時の風潮に対する反発も含まれていたに違いありません。
しかし、「象徴ということこそ日本の天皇に特有の性質で、天皇本来の相」であるという点は、天野の中で確固たる信念でした。

それは「日本の皇室は概して権力の主体ではなかった。権力者は将軍とか幕府とかいうものであった。昭和時代になって天皇が神としての絶対的権力を持つかのように言われた時においてさえも、実際には一人の総理大臣を任命する実権をも持たなかった事実はわれわれの記憶に新たなるところである。事実としては天皇はいつも象徴であったと言うべきである」（『天野貞祐全集5　教育論』）という天野の歴史観に基づくものでした。

これまで、この象徴をめぐっては、さまざまな解釈が示されてきました。総じて言えば、天皇は君主でないために、「象徴にすぎない」とするのか、あるいは、天皇は歴史的にも文化的にも「象徴であらせられる」とする立場に分かれていたと言えます。

その内容に踏み込んで論じる余裕はありませんが、ここでは、天野の天皇論とも重なると言える政治学者の坂本多加雄の言葉を引用しておきたいと思います。坂本は次のように述べています。

眼に見えないものを眼に見えるようにする働き、その媒体が「象徴」だと考えればいい。天皇は儀礼その他の行事を通して「日本国」とか「日本国民統合」といった、それ自体は眼に見えないものをありありと眼に見えるものにしているのだ。たとえば新年参賀に、天皇をはじめ皇族の方々が、人々の万歳の歓呼の声に応えておられる光景それ自体が象徴となって、日本国民統合のあり様を見えるものにする。また、大嘗祭《だいじょうさい》などの伝統行事が厳かに挙行されている光景が象徴となって、時代を超えた日本国というものをありありと示すのである。（中略）

今日では祝日と休日の区別さえつかず、祝日もたとえば昭和天皇の誕生日を「みどりの日」などと称して、ことさら歴史の記憶を断ち切るようなことをしている。こんな国は日本だけである。今こそ、形式や儀礼の積極的な意味をトータルに考え、「象徴」としての天皇を見直していかなければいけない。

（坂本多加雄『求められる国家』）

「天皇制」を「上からのファシズム」と論じた丸山眞男

先に日本共産党の野坂参三の愛国心論について触れましたが、日本共産党は「天皇制」に否定的な政党で、例えば、後に共産党委員長になる宮本顕治は、1946（昭和21）年に発表した「天皇制批判について」（『前衛』1946年2月号）という論文で、「天皇の発生は、民族の征服を通じて行われた」ものであり、「専制君主の永続的支配は、その民族の汚辱である」と厳しく批判しました。

当時のマルクス主義的歴史学は、明治以降の「天皇制」をフランスのルイ王朝のような絶対王政の一種であると位置づけ、日本は絶対王政の段階にあると見なしていました。この絶対王政は近代初期の状態であり、フランス革命のような市民革命を経ていない日本の「天皇制」は、近代以前の農村の地主制や君主制の名残りであるとされていました。

こうした歴史観に基づいて共産党が唱えたのは、まず「天皇制」を打倒するフランス革命のような市民革命を達成し、その上で社会主義革命に進むという「二段階革命論」でした。つまり、まだ国民国家とはなり得ていない日本が国民国家として存立するためには、「天皇制」を否定することが必要であるとされたのです。

このような歴史観に影響を受けたのが政治学者の丸山眞男でした。丸山は、1946年に発表した代表的な論文「超国家主義の論理と心理」（『世界』1946年5月号）において、日本を誤った戦争に向かわせたのは「天皇制」という独自の権威主義体制のもとで生み出された「上からのファシズム」にあると述べました。丸山は、天皇はただ君主としての政治上の主権を有するだけでなく、日本の道徳的価値や規範の体現者であった。したがって、「日本人のアイデンティティ」は天皇から「降りてくる」のであり、それは自由な個人の内面に生み出されるものではなく、天皇によって価値が独占され、天皇が体現した価値を学ぶことによって日本のナショナリズムは形成されたと述べています。また、丸山は「天皇制」のもとで形成された日本のウルトラ・ナショナリズム（超国家主義）が日本が戦争に突入した理由であるように述べています。
この点について佐伯啓思は、ドイツにおいてもイタリアにおいても、元々ファシズム運動は「下から」のもので、ナチズムもその中から生まれたものと指摘しながら、日本の戦争責任の問題にも触れて次のように述べています。

丸山説では、日本の封建的家父長的同心円の社会構造のもとでは、天皇を軸とする価値が、地域や家族など社会構造のもっとも基底まで規定している、という点に、「日本ファシズム」の特異性が求められた。（中略）
しかしそうだとすれば、先にも述べたように、これこそ日本型の「下からの」ファシズムというべきではなかろうか。彼らは「下から」天皇制を支えたのではなかったか。そしてもしそうなら、戦争責任を一部の軍国的指導者にのみ帰して、民衆は基本的に免罪されるという論理は成り立たないであろう。「上からのファシズム」という用語は、戦争責任は「上」にある、という結論を導出するための恣意的な前提であったのではないか。天皇制を支えたものが、社会の底辺にまで巣くった日本的な封建的共同体だとすれば、戦争を支えたものは民衆だともいえるのである。軍人や軍国主義やA級戦犯だけが責任を問われるべきではないということになるであろう。

（佐伯啓思『日本の愛国心』）

丸山自身は、天皇個人には敬愛の念を抱いていたと言われますが、個人の「自由なる主体」の形成を妨げる社会構造としての「天皇制」には批判的でした。丸山の天皇論やナショナリズム論は、戦後日本の政治学や思想に決定的な影響を持ったことは事実です。佐伯の言葉を援用すれば、戦後の議論は丸山の議論から「ほとんど一歩も出ていない」ということになります。言い換えれば、戦後日本の愛国心に関する議論は、天野に代表される見解と丸山に代表される見解とが鋭く対峙したということもできそうです。

左右イデオロギー対立の主要な争点となった愛国心

「静かなる愛国心」や国旗・国歌についての「天野談話」は、天野の愛国心論から導き出されたものでした。したがって、元々それは、吉田茂首相の言う対日講和や警察予備隊の設置の前提となる愛国心とは異質のものでした。

しかし、吉田内閣の文部大臣であった天野の発言は、当時の政治課題であった「再軍備の精神面の基礎固め」（船山謙次『戦後道徳教育論史　上』）と評価され、批判の対象となりました。しかもそれは、教員組合への弾圧・干渉（１９４９年）、レッドパージ（１９４９〜５０年）

などに象徴されるいわゆる「逆コース」の一環として捉えられました。そして、この時期を契機として、愛国心は政治的な文脈の中で論じられ、左右のイデオロギー対立の主要な争点として論じられていきました。

実際、朝鮮戦争、講和独立、日米安全保障条約の締結以降、愛国心問題は、政府・自由党の政策課題となりました。天野の後を継いだ岡野清豪《きよひで》文部大臣は、1952（昭和27）年に生活道義科を特設し、歴史科の独立を図ると述べました。自由党は同年10月の総選挙に際して「道義の昂揚、愛国心の涵養」を教育政策の一つに掲げました。

さらに、1953（昭和28）年6月の衆議院文部委員会において、当時の大達《おおだち》茂雄文部大臣は、「今日わが国の再建にあたって、国民の道義が高揚せられること、また国民の愛国心が振起せられるということは、これが根本である」と述べ、同年8月の教育課程審議会（現在の中央教育審議会初等中等分科会教育課程部会）答申「社会科の改善についての方策」には、「社会公共のために尽すべき個人の立場や役割を自覚し、国を愛する心情を養う」という表現が加えられました。

しかし、同年10月に行われた当時の自由党政調会長の池田勇人《はやと》とアメリカのロバートソン国務次官補の「池田・ロバートソン会談」において、「日本政府は教育および広報によって日本に愛国心と自衛のための自発的精神が成長するような空気を助長することに第一の責任を持つ」という趣旨が公表されると、愛国心は世論からの激しい批判の的となりました。例えば、教育学者の宗像誠也は、この会議が「日本の国民には知らせもせずに、アメリカの首都ワシントンで、外国人との間に愛国心についての取きめのようなものが行われた」と指摘し、日米ＭＳＡ（相互安全保障法）協定に言及して次のように批判しました。

私は、愛国心がＭＳＡ受入れの条件にされようなどとは思いも及ばなかった。反対に、愛国心が、ＭＳＡを受け入れるか受け入れないかを決定するものとばかり考えていた。これでは愛国心がＭＳＡの代償としてアメリカに提供されているようなものではないか。なぜならば、（中略）ＭＳＡの本質が、外国の援助にあるのではなくて、アメリカ自身の安全を守ることにあるのは、アメリカの高官が念入りに何度も国内に徹底させているところだからだ。

（宗像誠也「ＭＳＡと愛国心教育」）

宗像の言葉には、アメリカに従属することで復興と繁栄を実現しようとするナショナリズムと、それに対する「反米ナショナリズム」の二つのナショナリズムを確認することができます。この二つのナショナリズムは、「六〇年安保」闘争の際に激しくぶつかり合うことになりました。

第3節　「道徳の時間」の設置と愛国心

学習指導要領への愛国心の規定

教育政策では、講和・独立後から、道徳教育振興の動きが活発になっていました。それと並行して、１９５５（昭和30）年に改訂された「小学校学習指導要領　社会科編」には、「愛国心」が規定されました。この学習指導要領では、社会科の目標を「民族的誇りをもち、郷土や国土を愛し、よりよくしようとする意欲をもつこと」と明記し、同じく「中学校学習指導要領　社会科編」では、「国を愛する心情や他国や他国民を敬愛する態度を養う」ことが目標として掲げられました。

こうした動きは、１９５８（昭和33）年に入るとさらに加速しました。教育課程審議会は、同年に「小学校・中学校教育課程の改善について」を答申しました。

答申では道徳教育のこれまでの状況は、「必ずしも所期の効果をあげているとはいえない」

と分析した上で、今後も学校教育活動の全体を通じて行うという従来の方針は変更しないが、「現状を反省し、その欠陥を是正し、すすんでその徹底強化をはかるために、新たに道徳教育のための時間を特設する」ことを求めました。この答申に基づいて、同年8月28日に学校教育法施行規則が一部改正され、9月から小・中学校での「道徳の時間」が設置されました。

愛国心に関連しては10月に改訂された「昭和33年版小学校学習指導要領」において、「日本人としての自覚を持って国を愛し、国際社会の一環としての国家の発展に尽す」ことが明記されました。

また、「昭和33年版中学校学習指導要領」でも、「国民としての自覚を高めるとともに、国際理解、人類愛の精神をつちかっていこう」として、次のように明記されました。

われわれが、国民として国土や同胞に親しみを感じ、文化的伝統を敬愛するのは自然の情である。この心情を正しく育成し、よりよい国家の建設に努めよう。

しかし、愛国心は往々にして民族的偏見や排他的感情につらなりやすいものであることを考えて、これを戒めよう。そして、世界の他の国々や民族文化を正しく理解し、人類愛の精神をつちかいながら、お互に特色ある文化を創造して、国際社会の一員として誇ることのできる存在となろう。

「道徳の時間」設置への教育界の批判

ところが、「道徳の時間」の設置に対しては、激しい批判がありました。中でも愛国心が批判の対象になりました。

例えば、日本教育学会教育政策特別委員会が、1957（昭和32）年にまとめた「道徳教育に関する問題点（草案）」は、政府・文部省による「道徳の時間」は、「愛国心―国民道義―民族教育―国家に関する忠誠心などの言葉で表現されている国家主義的な道徳」であると述べています。また、「道徳の時間」設置の意図は、「再軍備、憲法改正などと連なるものであり、政党の党利党略のためにする不当な教育支配である」と述べています。

こうした批判に見られるように、「道徳の時間」設置への論点の一つは、国家（公権力）が、国民の良心に関わる道徳教育にどこまで関与できるかという問題でした。

この点についても日本教育学会の「道徳教育に関する問題点（草案）」は、「近代民主主義政治のもとで、個人の自由と良心の問題である道徳とその教育について、公権力が一定の方向づけやわくづけをすることが、はたして妥当であるか」と疑問を投げかけ、「政府の作業は、国民の間から新しい道徳が生み出されるような条件をつくること」であると批判しました。

これは愛国心の問題とも密接に関わる問題でした。

　これに対して文部省は、「道徳の時間」は、戦前の修身科のように国家的徳目（忠君愛国）を一方的に教えるものではなく、現実の直面する問題に対して、より高い人間のあり方を追究しつつ、いかに生きるかを教師も生徒とともに考え、悩み語らう契機であるとの説明を繰り返しました。

　１９５０年代以降の、いわゆる「文部省対日教組」の対立が鮮明になる中で、「道徳の時間」は、その後も教育現場に十分に浸透することはありませんでした。

　日教組は、１９５８年８月、「時間特設・独立教科による『道徳』教育について」を発表して、「道徳の時間」設置への反対を主張しました。日教組は、「道徳の時間」の立場を「一部特権階級のための教育――支配者の要求する服従の道徳教育である。彼らの利権を守るための手段としての道徳教育である。この道徳は平和、人権、真実、自主性の人間形成の教育の道徳教育の基本的問題と対決しこれを否定しようとする道徳教育である」と位置づけました。

　例えばこのことは、「道徳の時間」設置から5年後の１９６３（昭和38）年7月、教育課程審議会による答申「学校における道徳教育の充実方策について」において確認することができます。

　答申は、「教師のうちには、一般社会における倫理的秩序の動揺に関連して価値観の相違がみられ、また道徳教育についての指導理念を明確に把握していない者がみられる。そこで、いわゆる生活指導のみをもって足れりとするなどの道徳教育の本質を理解していない意見もあり、道徳の指導について熱意に乏しく自信と勇気を欠いている者も認められる。また一部ではあるが、道徳の時間を設けていない学校すら残存している」ことが、「道徳教育の充実に大きな障害となっている」と指摘しました。

こうした「道徳の時間」の形骸化した状況の中では、効果的な実践が積み重ねられることはありませんでした。道徳の授業では、特に愛国心に関わる内容は「タブー視」され、積極的に取り上げられることはありませんでした。

「道徳の時間」設置以降の愛国心問題は、「六〇年安保」闘争などの政治的課題と密接に結びつくものとして論じられることで政治的イデオロギー対立の焦点となっていきました。

消極的な愛国心資料

「道徳の時間」は教科としては設置されませんでしたので、教科書はありません（教育法規では、教科の「主たる教材」が教科書とされています）。そのため道徳の授業では、民間の教科書会社が発行する副読本や副教材という「読み物資料」が使用されました。しかし、その内容はさまざまであり、中には学習指導要領の趣旨を踏まえていないものもありました。

こうした状況に対して、先述の教育課程審議会答申「学校における道徳教育の充実方策について」は、「児童生徒にとって適切な指導の読み物資料の使用が望ましい」とし、その内容は「学習指導要領に準拠しているかどうかを適切な方法により確認する措置を講ずるようにすること」を求めました。

この答申に基づき、文部省は１９６４（昭和39）年から小中学校の各学年ごとに『道徳の指導資料』を作成し、これを全国の学校に無償配布して道徳教育の充実を図りました。この『道徳の指導資料』は道徳教材のモデルと言うべきものでした。

『道徳の指導資料』の「まえがき」には、「古今東西にわたる文学作品、伝記などの読み物資料、説話資料、視聴覚教材等、各学校における道徳指導に役立つ各種資料のほか、主題ごとの指導案も収録されている。各学校においては、本資料刊行の趣旨をじゅぶんに理解され、創意と工夫をもってこれを活用し、学校の実情にふさわしい道徳教育の充実を図れるよう期待してやまない」と記されました。『道徳の指導資料』が、道徳授業の活性化と充実を促すために作成されたことが分かります。

しかし、文部省がこうした教材のモデルを作成しなければならなかったことは、逆に当時の道徳授業がほとんど機能していなかったことを意味するものでした。

もちろん、『道徳の指導資料』には、愛国心に関する資料も収載されています。しかし、その数は少なく、その内容は決して効果的なものとは言えませんでした。「昭和33年版学習指導要領」において、「道徳の時間」での愛国心の内容は、小学校では「日本人としての自覚を持って国を愛し、国際社会の一環としての国家の発展に尽す」とし、中学校では、「国民としての自覚を高めるとともに、国際理解、人類愛の精神をつちかっていこう」と明記されていました。

次の資料は、この学習指導要領に基づいて『道徳の指導資料』に掲載された愛国心に関する中学2年生の資料です。

日本の天使たち（角田房子）

1958年8月12日　リスオランジス

けさこの町で、ひとりのフランス人（花屋のおじさん）から思いがけないお話を聞きました。

「わたしはユージェーヌ＝ペロウダンといいます。第一次世界大戦（1914年から1918年まで続きました。）が始まるとすぐ、わたしは戦場へ出て勇敢に戦ったものでしたが、まもなく右の大腿部に貫通銃創を受けて、パリの病院へ送られました。そのころ、シャンゼリゼエにあった大ホテル、アストリアが日本赤十字の手によって、連合軍の傷病者の治療にあたり、わたしが送られたのが偶然そこだったのです。当時そこには150名ほどの傷病者がいました。わたしはいまでも、当時お世話になったかたがたのお名まえをいうことができます。お医者様は、シオダ先生、当時はまだお若い軍医大佐でおられました。‥ワタナベ先生、モテキ先生。看護婦さんは、タナカさん、フジサワさん、カメタさん。看護婦さんは全部で20名ほど来ておられましたが、その看護の熱心で、献身的なこと、傷病兵一同の感謝の的でした。特にわたしが忘れられないのは、瀕死の重傷者につきそったタナカさんが、2日3晩の間、文字どおり不眠不休の看護を続けて、ついに危機を脱したときのことです。まったく日本婦人の心の暖かさ、責任感の強さは、わたしたち一同を感泣させました。いつか、わたしたちの間では「日本の天使たち」という名で呼ぶようになっていました。

正直なところ、それまでわたしたちは日本人について何も知りませんでした。日清、日露の戦争によって、東洋に日本という小さいがたいへん強い国がある、というぐらいのばく然とした知識で、その国の医学がはたしてヨーロッパのそれと同じ水準にあるのかどうか、まあいわば多少の心配もあったわけです。だが、病院へ来てみて、それがまったくの取り越し苦労だということがわかりました。日本医学の技術のすばらしさ。それは毎日のように行なわれる手術の成績のよさで、すぐにみんなに伝わりました。また、消毒などのゆきとどいていること、そして、傷病者への心からの親切、わたしたちははじめて接する日本人のりっぱさに、たちまち深い信頼感をもったのです。」

（中略）

ママはその看護婦さんたちの写真を1枚ずつ手に取って、昔式の大きな帽子、白衣の胸につけた赤十字の印を見ながら、同じ日本人として心から感謝しました。大正のはじめに日本の女の人がヨーロッパへ行くということは、珍しかったでしょうし、どんなに遠く感じたことでしょう。当時の日本人は敗戦などという苦い経験はなく、純粋な愛国心に燃え、日本人としての高い誇りをもってりっぱに役目を果たそうと、堅く決心をして祖国を出てきたのでしょう。今とくらべて、ずっと幸福な時代であったとも思われます。祖国というものを純粋に愛することができたのですから。

（文部省編『中学校道徳の指導資料（第2学年）』）

この資料は、作家・角田房子さんのエッセイです。その内容は、角田さんの経験としては興味深いものです。したがって、決してエッセイの中身に問題があるわけではありません。

しかし、果たしてこれが道徳授業の愛国心資料として適切であるかは疑問です。

たしかに、「国民としての自覚を高めるとともに、国際理解、人類愛の精神をつちかっていこう」という学習指導要領に関係するものとは言えるかもしれません。しかし、私にはこれで「国民の自覚」が高まるとは思えませんし、「国際理解、人類愛の精神」が育成できるとはとても思えません。

この資料は一つの例ですが、この時期に使用されていた民間の出版社が発行した道徳授業の副読本・副教材も、『道徳の指導資料』を参考として作成されたものが多く、愛国心については総じて消極的な内容でした。

こうした背景には、「道徳の時間」への批判を避けるために、争点となった愛国心にはなるべく踏み込みこまないで済まそうとする配慮が見え隠れします。

道徳教育における愛国心をめぐる賛成と反対の論議は活発に展開しました。ところが、そうした論議の一方で、実際に道徳の授業で使われていた愛国心についての資料との間にはかなりの温度差があったことも事実です。

このことは、愛国心教育に期待した立場の人々には不満の残るものでした。また、愛国心への反対の立場の人々にとっても、いわば「肩透かし」と言うべきものでした。愛国心への批判の多くは、愛国心は戦争に国民を動員するためのものであると主張したわけですが、実際にそうした教材は一つも掲載されることはなかったからです。まさに「大山鳴動《たいざんめいどう》して鼠《ねずみ》一匹」でした。

いずれにしても、こうした教材の実態は、結果として子供たちに愛国心が教えられていないことを意味するものでした。

第4章
高度経済成長で失われた愛国心への関心

第1節　高度経済成長と国民意識の変化

冷戦構造の固定化と「五五年体制」

　1960年代は、国際的にはベトナム戦争に象徴される東西の冷戦構造の枠組が鮮明となりました。また、国内的には、1955（昭和30）年の「五五年体制」の確立による自民党と社会党の保革対立の構図が固定化し、日米安保体制のもとで、軽武装と経済成長を優先した、いわゆる「吉田ドクトリン」が基本路線となりました。

「六〇年安保」を経た日米安保体制の維持と強化が進み、政治、経済から安全保障に至るまでアメリカへの従属が進むにつれて、沖縄を除いて、安全保障問題は世論の関心から急速に色褪せていきました。しかもアメリカへの従属が進む状況においては、憲法改正や軍備の増強を訴えれば訴えるほど、それが対米従属を意識しなければならなくなるというジレンマを抱え込むことになりました。

たしかに、「五五年体制」においては、保守（右）と革新（左）の激しい対立があったことは事実です。しかし、「五五年体制」が確立したことで、実際には政治的な「安定」をもたらす側面もありました。なぜなら、「五五年体制」においては、保守政党が革新政党の倍以上の議員数を獲得してはいましたが、憲法改正に必要な議席数には届かなかったからです。

アメリカとソ連（現在のロシア）を中心とする東西の冷戦構造の中で、日本の対米従属に基づく国際的地位の「安定」と国内政治の「安定」は、1960年代以降の高度経済成長を実現する基盤となりました。

高度経済成長がもたらした社会生活の変化

高度経済成長がもたらした変化は急速でした。1955（昭和30）年から1960（昭和35）年の実質平均成長率は8・7％でしたが、1960年から1965（昭和40）年では9・7％、その後の1970（昭和45）年までの5年間には11・6％へと伸張しました。

国民の所得水準も向上し、1955（昭和30）年を100とすると、1970年の名目賃金は412・5、消費者物価指数は194・3、実質賃金は212・3と大幅に増加しました。国民の所得水準の上昇を反映して、テレビ、洗濯機、冷蔵庫、掃除機などの家電品が急速に普及しました。

国民の私生活における企業への依存は、「企業社会」と呼ばれる状況を形成し、急速な都市化の促進は、国民の視線を首都圏、中京圏、近畿圏の三大都市圏へと向かわせました。多くの青年が三大都市圏の大学に進学し、大部分がそこで就職しました。例えば、1955年から1970年までの15年間に、三大都市圏では1500万人もの人口が増加し、日本の総人口の実に4分の3が市部に住む状況となりました。また、テレビの普及は都市的な生活様式や生活感覚への憧れを刺激し、地方の農村漁村から都市圏への人口流出をさらに加速させていきました。

1970年の時点で、日本はアメリカに次ぐ最も「豊かな国」となりました。国民の所得格差と階層格差は縮まり、国民の多くは自らを「中流」と意識するようになりました。また、進学率の増加に伴う高学歴化と高等教育の「大衆化」は、学歴格差と階層格差を縮小させ、世界的にも高度で均質的な社会を実現する要因となりました。高度経済成長による国民所得と生活水準の大幅な上昇は、いわゆる「一億総中流時代」を実現したのです。

「滅私奉公」から「滅公奉私」の時代へ

急速な経済成長は、1973（昭和48）年まで継続しますが、この高度経済成長は国民意識に大きな変化を及ぼしました。

例えば、教育社会学者の竹内洋は、1952（昭和27）年頃には憲法改正や再軍備問題に関して賛成する者が多かったが、1960年には憲法改正や再軍備への反対が賛成を上回ったとしています（『革新幻想の戦後史』）。

1970年に刊行された『図説　戦後世論史』（NHKブックス）は、高度経済成長に伴う国民意識の変化について「社会より個人を重視し、現在を楽しみ、核家族化を志向し、私生活安定を支える基盤として高学歴化を目指す意識の傾向が含まれる。これらはいずれも戦後変化してきた傾向であり、しかもその変化はほぼ〈私生活優先〉の考え方を拡大・〝強化〟するものであったと考えられる」と指摘しています。

また、社会学者の日高六郎は、こうした国民意識の質的な変化は、これまでの政治的なイデオロギーの影響よりもさらに深いところで生じたと指摘しながら「高度経済成長がつくりだした現在の生活様式を維持拡大したいということが、ほとんどの日本人の願望となった」と述べています。日高はこれを、戦前・戦中の「滅私奉公」の時代から「滅公奉私」の時代への変化と説明しました（『戦後思想を考える』）。

国民意識の変化が大衆文化にも及んでいると指摘したのは社会学者の小熊英二です。小熊によれば、１９６０年代前半の映画や漫画では、エゴイズムの克服と連帯の形成がテーマにされることが多かったものが、１９６０年代後半になると、都会の青年の孤独な心象風景が多く取り上げられるようになったと言います。

この点を小熊は、１９６４（昭和39）年に連載が開始された漫画『サイボーグ００９』を例として挙げています。小熊によれば、当初これは9人のサイボーグ戦士たちの「チームワーク」が強調された内容でしたが、それが徐々に変質したと言います。

小熊は、その象徴的な場面として、１９６７（昭和42）年の作品の中での次の会話を紹介しています。

「幽霊島からにげ出したころのあたしたちはよかったわ。ほんとうにチームワークがとれていた……。それなのにいまはどう？　みんなばらばらじゃない。……」

「……いったいなぜだろう？　なにがげんいんかな？」

「みんなしあわせになったからだよ」

「え？　しあわせに……？」

「……みんな自分の生活を手にいれてしまったからだ」

（小熊英二『〈民主〉と〈愛国〉』）

問題視された国家意識の低下

高度経済成長を背景とした社会変化は、特に保守派にとっては国家意識を低下させる要因として捉えられました。

例えば西洋史学者の木村尚三郎《しょうさぶろう》は、評論家・劇作家の福田恒存《つねあり》、政治学者の勝田吉太郎《かつだきちたろう》らとの座談の中で、「全国民が東京の方を見る、東京からさらにアメリカを見るという姿勢になっている。戦後の今日ほど、国の同質的なまとまりが強化された時代はない」と述べました。また「自分の郷土と他人の郷土との違いを意識し、自分の郷土を自慢したり、守ったりしようとする意識、つまり郷土愛ならびにほかの土地との違和感の意識が、戦後すっかりなくなってしまった」と指摘しています（『国家意識なき日本人』）。

こうした危機意識は、１９７０年代の「ディスカバー・ジャパン」など日本の文化・伝統の「再発見」の動きにもつながっていきます。しかし、木村の指摘が国民全体の問題として共有されることはありませんでした。

高度経済成長は、経済的な「豊かさ」の一方で、日本各地に公害被害や環境破壊といった負の代償をもたらしました。これらは「豊かさの中の貧困」として問題視されました。ところが、ひとたび「豊かさ」を手に入れた国民は、国家という公共的なものではなく、眼前にある経済的な「豊かさ」（私益）に多くの関心を注ぎ続けました。

１９７０年11月、作家の三島由紀夫が自衛隊の市ヶ谷駐屯地で自殺するという衝撃的な事件が起きました。その直前に書いた「果たし得ていない約束――私の中の二十五年」には次のような一節がありました。

私はこれからの日本に大して希望をつなぐことができない。このまま行つたら「日本」はなくなつてしまうのではないかといふ感を日ましに深くする。日本はなくなつて、その代はりに、無機的な、からつぽな、ニュートラルな、中間色の、富裕な、抜目がない、或る経済的大国が極東の一角に残るのであらう。

（サンケイ新聞１９７０年7月7日・夕刊）

この言葉は、三島から見た戦後、特に高度経済成長後の日本の姿が表現されていました。しかし、多くの国民は三島の行動を自分たちとは無関係な「特異な事件」として受け止めました。それは、同年3月に起きた日航機「よど号」ハイジャック事件についても同じでした。

「六〇年安保」は、戦後日本における「政治の季節」を象徴するものでした。しかし、1968（昭和43）年の全国的な大学紛争は、「六〇年安保」のような国民的な運動としては盛り上がらず、大学の中だけの紛争に終始し、大学の自治と授業料の値上げへの反対などが中心でした。そのため、大学紛争に対する国民の視線は総じて「冷めた」ものでした。

戦後日本は、高度経済成長を契機として、「政治の季節」から「経済の季節」へと移行しました。それは、国民意識の大きな変化であり、言わば「第二の戦後」というべきものでした。しかもこの変化は、愛国心の対象となる国家意識の低下を伴うものでした。

高度経済成長による国民意識の変化は、もちろん愛国心の議論とも無関係ではありません。「五五年体制」の確立による保守と革新の政治的な枠組が固定化する中で、互いの主張は両極に分かれ、その主張は次第にパターン化されたものとなりました。

例えば丸山眞男は、「ほとんどの改憲論者、とくに非武装条項を攻撃する人々は同時に日本固有の国柄とか、民族の特殊性とか伝統を非常に強調し、現行憲法にそういう面が乏しいことを慨嘆する人々」（「憲法第九条をめぐる若干の考察」『世界』第234号）であると指摘します。

また、小熊英二も「六〇年安保」闘争以後に増加する保守派からの愛国心論のほとんどは、占領政策や「戦後民主主義」の影響によって、愛国心やモラルの低下が引き起こされたというものであったと述べています（『〈民主〉と〈愛国〉』）。

教育において争点化する愛国心問題

「第二の戦後」の時期は、実は愛国心論議が比較的低調な時期でもありました。それは、保守と革新の対立構図が固定化して議論が進展しなかったと同時に、「六〇年安保」で教訓を得た政府・与党が政治的な争点を前面に出すことを避けるようになったことも大きな要因でした。

岸内閣を引き継いだ池田内閣（１９６０〜６４年）は、「寛容と忍耐」をスローガンに掲げ、国民所得倍増計画を基本とした経済主義への移行を基本としました。また、佐藤内閣（１９６４〜７２年）は「待ちの政治」に徹し、経済安定と日米安保条約を基軸として日本の安全保障を確保するという「経済の季節」を強固にしました。

そのため、政府・与党は教育問題には全体として消極的な対応をしたと言えます。しかし、その一方で、愛国心問題は特に教育の分野において激しく議論されました。先述したように１９５０年代以降、「文部省対日教組」という対立図式が顕著となる中で、「勤評」闘争や「道徳の時間」設置をめぐる論争が展開されますが、そこでは愛国心問題が主要な争点となりました。

高度経済成長を推し進めた池田勇人内閣は、高度化する経済構造を支える人材養成としての「人づくり」政策を推進しました。これに呼応して文部省は、1962（昭和37）年9月に、道徳と地理歴史教育を強化した「人づくり文教政策要綱案」を策定しました。

また、先述した1963年7月の教育課程審議会答申「学校における道徳教育の充実方策について」では、「人間尊重の精神」が道徳教育の基本であり、「国家社会における倫理は、これに基づいて確立されなければならない」とした上で、「個人の価値をたっとぶとともに国家社会のよき形成者たる自主的精神に充ちた心身ともに健康な日本国民の育成をめざすこと」「日常生活の中から生きた教材を選ぶとともに、広く古今東西の教訓に学ぶことはもとより、特にわが国の文化、伝統も生かして内容を充実すること」と並んで、「今日の世界における日本の地位と果たすべき重要な使命にかんがみ、国民としての自覚を高め、公正な愛国心を培《つちか》う」ことを掲げました。

こうした政府・文部省の愛国心重視の動きに対して日教組は、1965（昭和40）年に『道徳教育シリーズNo.2　愛国心』を刊行して批判しました。

同書では、政府・文部省の目指す愛国心が、過去の歴史の歪曲、非科学的な歴史教育を強制していることや、「君が代・日の丸」、郷土の景観などをシンボルとする情緒に訴えようとしたものであると指摘しています。また、政府・文部省が掲げる愛国心は、アジア・アフリカ諸民族の民主化の動きに対立したものであり、「アメリカを先頭とする帝国主義勢力の植民地主義に協力」し、「わが国の独占資本の利益に合致する」ものであると批判し、次のように続けました。

私たちの愛国心の主張は、その内容において、その手段において、明確に支配階級と対立するものでなければならない。（中略）愛国心の育成とは、日の丸に何とはなしに感動する感情を刺戟するのではなく、現実を客観的批判的に認識して真実を発見する科学的な思考の力と、真理と正義のために権威に屈せず行動する実践の力を育てることにほかならない。私たちの愛国心は、当面日本国憲法を、「人民の、人民による、人民のための憲法」すなわち民族の民主主義と平和のための憲法として守りぬく運動、世界の平和、とくにアジアの平和にたいする民族の責任を果たすものとしての安保体制打破の運動として、主張されなければならない。

ここでは「文部省対日教組」という対立構図の中で、愛国心が主要な争点であったことがわかります。また、愛国心を日本国憲法を守りぬくための運動、あるいは「安保体制打破の運動」の一環として位置付けたことは、愛国心が教育論としてではなく政治的な文脈の中で論じられていることを意味していました。

国家への「忠誠」という問題提起

「六〇年安保」を契機として、愛国心は保守と革新の政治的なイデオロギー対立の争点となっていきましたが、そうした中でも愛国心をめぐる本質的な議論が決してなかったわけではありません。その例として、経済学者の大熊信行と歴史学者の林健太郎の「忠誠」についての論争を紹介しておきましょう。

論争の発端となったのは、1962（昭和37）年8月、大熊が朝日新聞に発表した「愛国心――展望と問題点」という論稿でした。ここで大熊は、戦後の愛国心論議が論争に発展することもない、いわば「私はこう思う」という程度のもので、そのほとんどはせいぜい「戦後日本人の意識調査の資料」にすぎないものであると厳しく指摘しました。

その上で大熊は「平和主義者と国家」（『中央公論』1962年第10号）で、戦後日本の根本的な問題は「国家意識の喪失」にあり、そのことが戦後思想に大きな影響を及ぼしていると述べました。

具体的にその影響とは、①社会主義思想から「謀反人」の自覚が消え、反逆者の意識が失われたこと、②戦争責任論が後ろ向きのものとなり、全く不毛の論議となったこと、③愛国心論議が果てしない空転を続けていること、④第二次大戦後に芽生えた平和思想は憲法に先取りされ、国民は憲法に寄りかかればよいというムードのなかで「骨抜き」にされ、現世的な国家主権との緊張関係を基軸とすることができなかった、というものでした。

つまり大熊は、「国家および国家権力というものの本質とその怕《こわ》さがわからないということが、戦後思想に共通の盲点である」と指摘し、それが理解できない戦後日本は一人前の国家ではない「半国家」であると述べました。大熊の批判の主眼は、戦後日本が直接に国家と向き合ってこなかったことにありました。

そして、ここから派生する大熊の愛国心論は、国家への「忠誠」の問題を問うことになります。大熊によれば、戦後の愛国心論が堂々巡りを繰り返す要因は、国家への「忠誠」の問題を抜きにしたことにありました。

大熊は、「天皇への忠誠はすてても、国家への忠誠ということは残っていたはずだが、その規定が日本国憲法にない。規定がなければそれは考えなくともいい、というのも一つの理屈だが、しかし日本がもし独立主権国家であるならば、国家にたいするわれわれの忠誠義務は、やはり潜在的にあるのではないか」（「愛国心——展望と問題点」）と述べ、「忠誠」に関する厳しい論理的思考と国家観念の明確な意識化の必要性を説きました。戦後日本における国家への「忠誠」は、日本国憲法に基づく平和愛国の根本理念でなければならないというのが大熊の主張でした。

保守的愛国心か革新的愛国心か

これに対して林健太郎は、大熊の言う「忠誠」論の矛盾を鋭く批判しました（「愛国心の理論と実践」『自由』1962年10月号）。まず林は、当時の愛国心論議は、愛国心が「自己の属する国家に対する愛情及び奉仕の精神である」とし、「隣人愛、郷土愛は人間に本然の感情である。それ故にその延長としての国家への愛も当然人々に内在するものである」という点で大熊に同意しました。

しかし、林はこうした共通の認識から出発した愛国主義は、「愛の対象としての国家の解釈と国家に奉仕する手段についての見解がさまざまに分れる」ために、現実には多様な形態を取ることになると述べます。

そして、愛国心をめぐる見解を突き詰めれば、「現在我々が属しその中にくみ入れられている国家を、何等かの意味において一個の運命共同体的なものと考える」という保守的愛国心か、それとも、あるべき国家を現在の国家以外のところに求めるという、いわばロック・ルソー流の社会契約説を継承した革新的愛国心の二つに分かれると指摘しました。

もっとも、いったん成立した国家は、「個々の成員の意志にかかわりなく彼等に絶対の奉仕と服従を要求」する「個人に対する強制力の究極的な唯一の保持者」になります。そして、その効力が失われれば国家の存在もまた失われてしまうため、国家はそれ自身の存立が最高の倫理となり、その前には個人は容易に犠牲に供されてしまうことになります。

国家のために死ぬことが人間最高の美徳だった古代ギリシャなどでは、それでもよかったかもしれません。しかし、自我に目覚めた近代人は、国家の行動そのものに対する批判も反抗をも内心に留保しています。

にもかかわらず、人は本来的に国民として以外は生きることはできず、その限りにおいて国家への忠誠からは解除されません。そのため、「国家の必要」と「正義」との関係という「国家理性」の問題が生じることとなります。ここに、「愛国心の提出する特別な緊張関係」があるのです。林はその点で、大熊が国家への「忠誠」の問題を指摘したことにも同意しています。

さらに林は、保守的愛国心が、「忠誠義務の内包する緊張関係に注意を払うことを全く忘れているかに見える」一方、革新的愛国心が「近代人——現代までを含めて——の生活がよかれ悪しかれ国家という枠の外において営まれるという事実の認識を見落としている」ところに愛国心論議の「空虚さ」があると指摘します。その点で大熊の愛国心論がこれまでの二項対立化した主張を超えて「第三のテーゼを提出したもの」であると評価しています。

しかし林は、大熊の主張からすれば、国家は人間と不可分の存在であり、国家は本質において人間に忠誠を要求するために、国家に対する忠誠を根幹とする愛国心は今日においても重要な道徳を形成するという結論が導き出されるはずですが、大熊の真意はそうではない、と指摘して次のように批判しました。少し長くなりますが引用します。

氏（大熊―筆者註）はいわゆる国家主義を主張するのではない。氏が国家意識を欠く民主主義や平和主義が「骨なし」だと批判する時、それは民主主義や平和主義がより「国家的《ナショナル》」にならなければならないという意味ではなく、逆にこれらの思想が「国家の存在と自己の存在との緊張関係」を深刻に意識せよということである。（中略）日本の民主主義運動や平和主義運動がより反逆的、抵抗的になれという忠告である。とすれば、国家を重視せよというのは国家そのものが我々の生活にとって重要だからではなく、ただ反抗と抵抗の対象としてそれが必要だからということになろう。

だがここで我々はいささか錯乱した印象を受けざるを得ない。忠誠と反逆とはあくまで対立概念である。氏が国家への忠誠を今日の道理とするならば、国家を反逆の対象としてのみ認めるというのは矛盾である。もしも反逆の契機を強調するなら、氏はむしろ忠誠をではなく忠誠の否定を現代の道徳として主張すべきではなかったか。だが「天皇への忠誠はすてても国家への忠誠ということは残っている筈だ」と氏がいう時、その国家が単なる反逆や抵抗の対象として考えられているとは受けとれない。氏の所論の中には、国家に対するこのような二つの姿勢が混乱していてその両者の関連についての説明は明らかに不十分である。

私たちが国家の中で生きていること、そして国家がいかなる悪をもなし得る力を保有しているというのは一つの「宿命」です。しかし、これは国家が常に悪の権化であり、国家が常に悪を行うことを意味しているわけではありません。なぜなら、国家は悪を行いうる同じ権力で国内の秩序を維持し、国民の福祉を図り経済変動を調整しているからです。

後者の意味では国家は明らかに善であり、「この善と悪との二つの機能を一身の中に具有するところに、国家というものの独自の性格がある」というのが林の主張でした。

林にとって、国家への「忠誠」とは、単なる抵抗運動や国家権力を麻痺させることによって「国家悪」を押さえることではなく、それとは反対に、国家が善い行動をとるように仕向けることにありました。

つまり、林が説いたのは、愛国心が真の愛国心として成立するためには、「国家という形成物が個人に対して持つ特別の関係、個人の国家的被拘束性についての何等かの想念」を持つことが重要であるということでした。

大熊と林の論点は、愛国心の対象である国家、戦後日本の国家像をどのように考えるかの違いであったと言えます。これは愛国心を考える前提となるものであり、愛国心の議論を深めるためにも不可欠の課題でした。

しかし、残念なことに、林の批判に対する大熊からのそれ以上の応答はなく、二人の論争は継続されませんでした。

紀元節と元号の法制化

1964（昭和39）年10月に東京オリンピックが開催され、1972（昭和47）年2月には札幌で冬季オリンピックが開催されました。いずれも、日本及びアジアで最初の開催でした。また、1970（昭和45）年3月から9月にかけて大阪で国際万国博覧会（大阪万博）が開催されました。77か国と四つの国際機関が参加した祭典は、入場者数6421万人と史上最高を記録しました。

大阪万博は日本の経済成長を世界に誇示したと同時に、結果的には日米安全保障条約改定をめぐる「七〇年安保」の政治的争点を最小化させる役割を果したと言えます。また、1975（昭和50）年から1976年にかけては、沖縄国際海洋博覧会も開催されました。

一般にオリンピックや万博などの国際的大会は、国民意識と愛国心の昂揚を高めるものであると理解されています。ところが、ＮＨＫの世論調査によると、たしかに東京オリンピックの際には一時的には高まりを見せましたが、「君が代」や「日の丸」に対して尊敬または愛着の気持ちを持っているという国民の割合は、１９６１（昭和36）年も１９７５（昭和50）年も60％弱で変化していません（**図2・3**）。

また、天皇が果たしている役割についての認識は、次のように「国民の精神的ささえ」と考える人が減り、「儀礼的役割」と考える人が増えています。

	１９６７（昭和42）年	１９７４（昭和49）年
◎国民の精神的ささえ	49％	42％
◎儀礼的役割	34％	41％

（ＮＨＫ放送世論調査所編『図説戦後世論史』）

こうした状況に対して、紀元節、元号、国旗・国歌、靖国神社など愛国心の涵養に役立つ事柄についての法制化を図る国民運動が活発になっていきました。

中でも紀元節は、１８７２（明治５）年に初代神武天皇が即位したとされる２月11日を祝

図2　「君が代」に対する感情

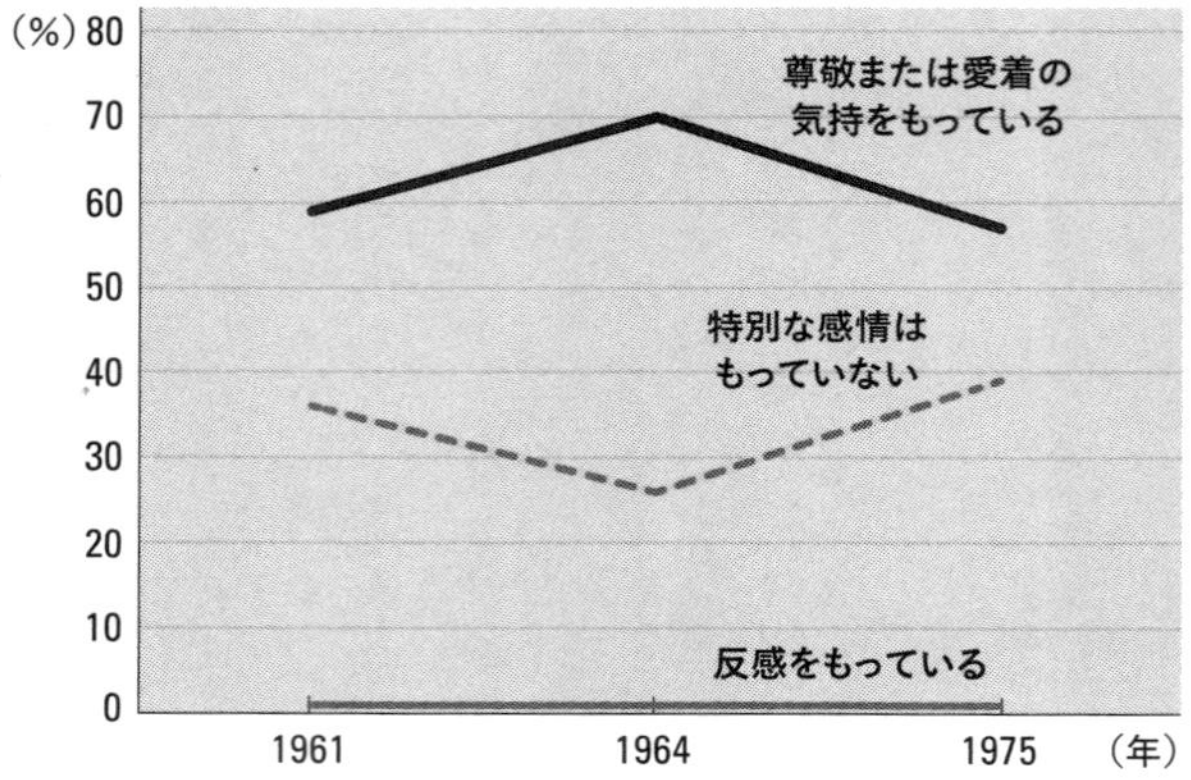

［NHK 放送世論調査所編『図説　戦後世論史　第二版』］

図3　「日の丸」に対する感情

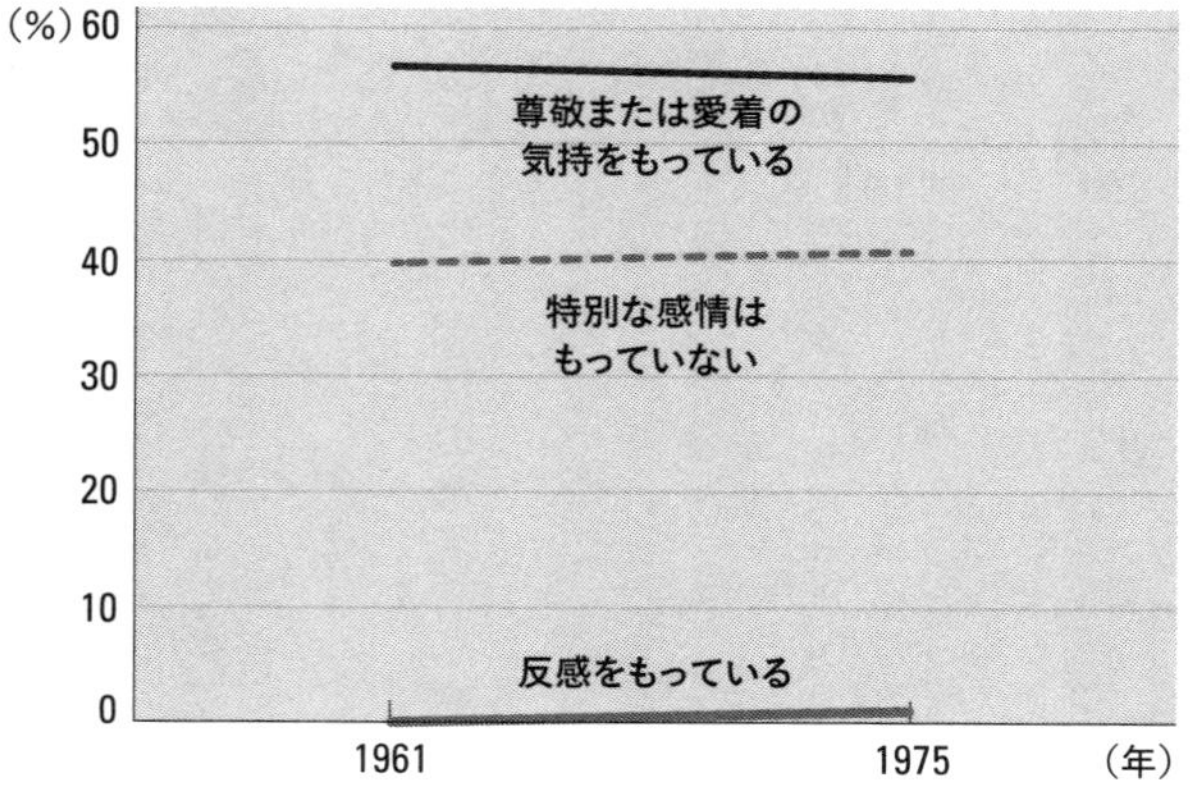

［NHK 放送世論調査所編『図説　戦後世論史　第二版』］

日と定めたことに始まりますが、1948（昭和23）年7月に制定された「国民の祝日に関する法律」によって、天長節（11月3日）、四方節（1月1日）などとともに廃止されていました。

そこで1955（昭和30）年に民間有志らにより紀元節奉祝国民大会運営委員会が結成され、紀元節の復活運動を進めました。

「国民の祝日に関する法律」の改正案は、1957年以来、9回にわたって議員立法として国会に上程されましたが、社会党の抵抗などによって成立しませんでした。しかし、1966（昭和41）年6月25日、「建国記念日」を「建国記念の日」と「の」を入れて修正することで社会党が妥協し、やっと成立しました。同年12月には、建国記念日審議会が「建国記念の日」を2月11日とする旨を答申、これに基づいて「建国記念の日となる日を定める政令」が出され、2月11日が「建国をしのび、国を愛する心を養う日」となりました。翌1967年1月、文部省は「建国記念の日について」という文部事務次官通達を出し、「建国記念の日」の取り扱いは学習指導要領によるものとするとしました。

しかし、「建国記念の日」を単に休日とすることで「国を愛する心を養う」ことができるのかという点の疑問も提示されました。例えば、評論家の福田恆存は、政府が「建国記念の日」を設けることで国家意識や愛国心を育成しようとすることは賛成しながらも、「今の祝祭日の系列の中にそれを、しかもこのままの名称で嵌《は》め込んだ處《ところ》」で意味がないと述べ、次のように指摘しました。

過去を懐しんだり、その過去が再び巡って来るのを楽しんだりする事によって、吾々の文化は形造られ、情操が養われるのです。愛国心にしても、そういう文化感覚と情操の沁み込んだものでなければ、単なる観念的、狂信的な騒々しいナショナリズムにしかなりますまい。（中略）紀元節復活論も同じ考えからでたもので、愛国心や国家意識を曖昧にさせたのは何も左翼や進歩主義者だけに限りません。戦後の祝祭日が単なる休日に堕してしまった為に国民生活が混乱に陥っていることに気付かず、「建国の日」を一日設ければ万事片付くと思っている人たちもやはり同罪と言うべきです。「建国の日」などというものは博物館の「愛国心特別展覧日」に過ぎません。それを真の祝祭日にするにはそれに値する名称と形式とが必要なので、その為には戦後の祝祭日を全面的に改正し、一年の生活リズムを形成し得る様な統一せる系統を造り上げねばなりません。

（福田恆存「祝祭日に関し衆参両院議員に訴ふ」）

こうした批判を抱え込みながらも、次には元号の法制化も進められました。戦後、元号の制定は法的根拠を失い、慣習として使用されていました。しかし、1968（昭和43）年10月に政府が主催して実施した明治百年記念事業が元号法制運動を促進し、翌1969（昭和44）年には元号法制化推進議員連盟が、同年7月には財界人や学者らを中心とした民間有志により元号法制化国民会議が結成され、元号促進運動を展開しました。そして、1979（昭和54）年6月に元号法が成立しました。

第2節　「期待される人間像」で示された愛国心

自然的愛国心と対抗的愛国心

1960年代の愛国心をめぐる議論は、いわば停滞と閉塞の時期であり、表面的には進展はありませんでした。

しかし、教育の分野では注目すべき動きがありました。1966（昭和41）年に中央教育審議会が答申別記として公表した「期待される人間像」です。ここで言及された愛国心について見ていきましょう。

「期待される人間像」は、１９６３（昭和38）年6月、当時の荒木萬壽夫《ますお》文部大臣が、高度経済成長を背景とした後期中等教育（高等学校）への進学率の上昇によって激増した就学者への対応と、「今後の国家社会における人間像はいかにあるべきか」という課題の検討を中央教育審議会に諮問したことに始まります。

諮問を受けた中央教育審議会は、特別委員会を設置して審議を進めました。１９６５年1月に「中間草案」がまとめられ、さらに検討を加えた上で１９６６年10月31日に中央教育審議会別記として「期待される人間像」が公表されました。

「期待される人間像」はまず、「当面する日本人の課題」として、次の三つを掲げました。

① 自然科学と産業技術を現代文明の特色の一つとした上で、産業技術の発達は「人間性の向上と人間能力の開発」をともなわなければならないこと。

② 日本人は「世界に通用する日本人」、「日本の使命を自覚した世界人」であることが大切であり、真によき日本人であるとは、「真の世界人となること」であること。

③ 日本人は、民族共同体的な意識は強かったが、個人の自由と責任、個人の尊厳に対する自覚が乏しかったことを反省して、「確固たる個人の自覚を樹立」し、かつ、「日本民族としての共同の責任を担う」ことが重要であること。

そして「期待される人間像」は、愛国心を次のように述べました。

今日世界において、国家を構成せず国家に所属しないいかなる個人もなく、民族もない。国家は世界において最も有機的であり、強力な集団である。個人の幸福も安全も国家によるところがきわめて大きい。世界人類の発展に寄与する道も国家を通じて開かれているのが普通である。国家を正しく愛することが国家に対する忠誠である。正しい愛国心は人類愛に通ずる。

真の愛国心とは、自国の価値をいっそう高めようとする心がけであり、その努力である。自国の存在に無関心であり、その価値の向上に努めず、ましてその価値を無視しようとすることは、自国を憎むこととなろう。われわれは正しい愛国心をもたなければならない。

「期待される人間像」の草案は、中央教育審議会に設けられた特別委員会で主査を務めた高坂正顕が執筆し、その内容は、高坂の愛国心論が強く反映されたものとなっています。

「京都学派の四天王」の一人と言われた高坂が、西谷啓治、鈴木成高、高山岩男とともに「国民実践要領」の起草をしたことは、すでに述べました。したがって、両者の内容は当然ながら連続したものになりました。

「日本を愛するに値する国にする」という「向上的愛国心」

「期待される人間像」の愛国心をもう少し詳しく見てみましょう。高坂によれば、愛国心の種類は大きく「自然的愛国心」、「対抗的愛国心」、そして「向上的愛国心」の三つに分類できると言います。

「自然的愛国心」とは、同じ言葉を語り、同じ様式の衣服を着て、同じ様式の住まいに住む人々がごく自然に自分の国に愛情を抱くというものです。

また、「対抗的愛国心」とは、違った国や違った文化に接した時に感じる違和感や、そこから生まれる自国への愛情を指しています。

これら「自然的愛国心」と「対抗的愛国心」は、人間が自然な感情として湧き起こってくるもので、特に奨励し宣伝する必要はなく、排他的な行き過ぎやショービニズム（他の社会集団に対する敵対的な心理状態）化に注意すれば十分であるとしています。

これに対して、高坂が特に重視したのが「向上的愛国心」です。高坂は、その内容を次のように説明しています。

愛国心の問題が論ぜられたころ、一部のひとびとの間には、愛国心ごときことを言うことを、きわめて嫌悪する念が強かった。そして、それらのひとびとはこう言った。「日本が愛するに値する国になれば、ひとりでに愛するようになるだろう。だから、愛国心というごときことを言う前に、日本を愛する国に値する国にしろ」。しかし、私が言いたいのは、日本を愛するに値する国にするということ、そのことである。そしてそれが、実は私の言う向上的愛国心なのである。

（高坂正顕『私見　期待される人間像　増補版』）

高坂は「日本を愛するに値する国にする」という愛国心を「向上的愛国心」と呼び、それこそが教育の目指すべきものであると述べます。「期待される人間像」に明記された愛国心こそ、この「向上的愛国心」でした。

また、高坂は「日本を愛するに値する国にする」とは、具体的にどういうことかについて、さらに分かりやすく説明しています。

現在の日本のもつ価値は六にすぎないであろう。しかし、それが十の価値を持つに至ったらはじめて愛しましょうというのは、日本に対して残酷である。六の価値ほかもたないかもしれないけれども、それが七の価値をもち、やがて八の価値をもつように協力しようという態度を示すならば、それがはじめて正しい形で日本を愛しているということになるのである。教育愛というような言葉が用いられる。教育愛とは、いま言ったようなふうに、六の価値ほかもたないかもしれないが、それにもかかわらず、それを七、さらには八の価値にまで高めようとする愛であり、現在は価値が乏しいかもしれないが、それにもかかわらず、その価値を高めようとする愛である。つまり、「にもかかわらず」Trotzdem の愛である。価値がないにもかかわらず、それを高めようとする愛である。このような、にもかかわらずの愛が、私の言う向上的な愛国心であり、そして、にもかかわらずの愛であるがゆえに、それは努力を要する愛であり、そのような意味の愛は、国に対する愛を正しい形のものにする意味において、教えられてよいし、奨励されてよいと思うのである。

（高坂正顕『私見　期待される人間像　増補版』）

また高坂は、今日の世界の不幸は、国家が最大の権力と権威を持っていることであり、この絶対主権の考え方が世界を不安定にしている要因であると述べます。そのため、国家が自己の絶対主権を制限することが必要であり、世界人類を愛し、世界平和を実現するためにも誤った国粋主義を排した「向上的愛国心」こそが正しく教えられるべきであるとしています。

戦後は無視されてきた「天皇への敬愛」を明記

「期待される人間像」は、愛国心に関連して二つの点を強調しています。一つは、愛国心の対象となる国家を天皇に結び付けて説明したことです。

「期待される人間像」は、日本国憲法第1条に規定されている「天皇は、日本国の象徴であり日本国民統合の象徴であって、この地位は、主権の存する日本国民の総意に基く」という条文を掲げ、天皇が日本の歴史において、ゆるがぬものを持つ存在であるとした上で、次のように明記しました。

　もともと象徴とは、象徴されるものが実体としてあってはじめて象徴としての意味をもつ。そしてこの際、象徴としての天皇の実体をなすものは、日本国および日本国民の統合ということである。しかも象徴するものは象徴されるものを表現する。もしそうであるならば、日本国を愛するものが、日本国の象徴を愛するということは、論理上当然である。

　天皇への敬愛の念をつきつめていけば、それは日本国への敬愛の念に通ずる。けだし日本国の象徴たる天皇を敬愛することは、その実体たる日本国を敬愛することに通ずるからである。このような天皇を日本の象徴として自国の上にいただいてきたところに、日本国の独自な姿がある。

1960年代まで愛国心をめぐる論議では、天皇について直接に言及されることはほとんどありませんでした。せいぜい、戦前の「忠君愛国」から「忠君」を取り払ったものが「新しい愛国心」であると説明するといったものが一般的でした。

こうした状況について、例えば、1963（昭和38）年に内閣官房内閣調査室がまとめた「戦後における〝愛国心〟論議の展望」と題した報告書では、「戦後の愛国心論議は概ね天皇を抜きにしたもの」であり、「かつての忠君愛国思想を否定するあまり、日本人の愛国心を考究するに重要な契機となる天皇に対する国民の潜在的敬愛の念までも無視してしまった」と指摘しています。

また、報告書は、天皇に対する国民の潜在的敬愛を無視したことが、「新しい愛国心」が天皇制否定の上に形成されなければならないとする左翼的理解が広く国民の支持を得ない理由であると指摘しました。

そして報告書は、「天皇を郷土愛、国土愛、国家愛と切りはなして論議することが正しいかどうか、この点を十分に考慮しなければならぬ」と結論付けています。

「正しい愛国心は人類愛に通ずる」

「期待される人間像」が示した愛国心のもう一つの特徴は、「正しい愛国心は人類愛に通ずる」と述べ、愛国心の延長線上に「人類愛」を位置付けたことです。

このことは、1953年の「国民実践要領」が、「真の愛国心は人類愛と一致する」と述べたことと見事に重なります。「国民実践要領」が「期待される人間像」の内容と類似していることは先述した通りです。しかも「期待される人間像」が公表された時の中央教育審議会の会長は天野貞祐でしたので、両者の連続性は明確でした。

両者の大きな特徴は、「国家」という存在を否定することなく、あくまでその存在を介して世界（人類）が統合されるとするものでした。同時にそれは天野や高坂だけでなく、大正教養派（オールド・リベラリスト）と言われた人々に共有された理解でした（坂本多加雄『知識人』）。

そして、こうした理解は、「国を愛せなくて、どうして人類愛がありえようか」「自国の国旗などを尊重しない人間が他国の国旗などを尊重できるだろうか」といった、道徳教育や「国旗・国歌」問題（**第6章**参照）で繰り返された政府・文部省や推進者の説明の根拠にもなりました。

たしかに、敗戦を経験した戦後日本にあって、「国家への忠誠が人類への忠誠と矛盾するものであってはならないということは、新しい愛国心への倫理的要請」(林健太郎「愛国心の理論と実践」)であったと言えます。

しかし、そもそも愛国心が人類愛へと連続するためには、「宗教的自覚」が前提とされなければならず、単純に愛国心の同心円的な延長線上に「人類愛」を措定することには無理があるという批判もありました(和辻夏彦「愛国心――問題点の指摘」『道徳と教育』第100号)。

また仮に、愛国心の延長線上に人類愛があるとすれば、愛国心の対象となる国家の存在をどのようにとらえればいいのかという指摘もされました。なぜなら人類愛が実現すれば、愛国心の意味はなくなるとも考えられるからです。

教育政策に継承された「期待される人間像」

しかし、「文部省対日教組」という対立図式が固定化していく中で、「期待される人間像」の提示した国家論や愛国心論の内容が、教育界や国民の間で具体的に議論の対象となることはありませんでした。

この背景には、「期待される人間像」が中央教育審議会の答申であったため、「上からの官製人間像」と見えたことが挙げられます。また、1960年代の高度経済成長を経る中で、国民の国家や愛国心といった公的なものへの関心は、急速に失われつつありました。特に戦後世代には「期待される人間像」が唱えた国家論・愛国心論は、旧時代のアナクロニズムに映ったことも要因と考えられます。

天皇の問題についても、十分に議論されたわけではありませんでした。たしかに、教育の分野では「国旗・国歌」問題との関わりから比較的強く意識されはしましたが、その批判は従来からの天皇制批判に基づくステレオタイプのものに終始したと言えます。

例えばこのことは、教育学者の堀尾輝久の批判に典型的に見ることができます。堀尾は、「期待される人間像」の唱えた愛国心の特徴は、「アメリカからの再軍備の要請と結びついて、反平和主義的であり、しかも、対米従属という愛国心の矛盾を内包」したものであり、「天皇を中心とする民族共同体への帰属意識を強化し、象徴としての天皇への敬愛を中心とする伝統的愛国心の復活」(「権力のイデオロギーと学習指導要領――『愛国心』問題を中心として」)であると述べています。

それでも、「期待される人間像」の内容は、これ以後の学習指導要領や臨時教育審議会の答申へと継承され、教育政策においては一定の意味を持ちました。

１９７４(昭和49)年、中央教育審議会答申「教育・学術・文化における国際交流について」が公表されました。答申は、日本国民の中に「国際理解や国際協調精神の欠如からくる独善的な行動様式」があると指摘した上で、教育その他の面での国際交流の重要性を認識し、人類共通の課題の解決に貢献できるような責任を果たせる人間の育成を提言しました。

これを受けて、1977（昭和52）年に改訂された「昭和52年版中学校学習指導要領」では、「日本人としての自覚をもって国を愛し、国家の発展に尽くすとともに、人類の福祉に寄与する人間になる」と明記され、「君が代」という表現は、「国歌」に改められました。

この方針は、1984（昭和59）年に設置された臨時教育審議会の答申へと引き継がれることになります。「期待される人間像」が掲げた「正しい愛国心は人類愛に通ずる」という理念は、少なくともその後の学習指導要領においては基調となりました。

第5章　生き残ってしまった戦中派の戦争責任

戦争を知らない「団塊の世代」と前世代との断層

戦後日本では、1947（昭和22）年から1949（昭和24）年までの3年間の出生数は合計で約800万人となりました。いわゆる「第一次ベビーブーム」です。この時期に生まれた世代は、「団塊の世代」と呼ばれます。ちなみに、1971（昭和46）年から1974（昭和49）年の時期は「第二次ベビーブーム」と呼ばれますが、これは「団塊の世代」が出産年齢に達したことによるものです。

周知のように、大学紛争は1968（昭和43）年に頂点となります。大学紛争は、直接には新左翼による運動を中心とするものでしたが、その主役となったのが「団塊の世代」です。「団塊の世代」が大学生になる時期、学生数は急激に増加し、それに伴って大学は「大衆化」しました。1960（昭和35）年から1967（昭和42）年までに、大学数は245校から

369校となり、学生数は、約67万人から約116万人に増加しました。

また、1960年に10・3%だった大学進学率は、10年後の1970（昭和45）年には23・6%、1975（昭和50）年には37・8%まで上昇しています。

「団塊の世代」は、高度経済成長の下で育ち、右肩上がりの生活水準の上昇を身体化している世代でした。しかし一方では、過酷な競争を経験することで、「管理社会」への強い不満を抱えた世代でもありました。すでに社会が安定した高度経済成長期に育った若者たちにとって、日本は管理社会化した先進帝国主義国家であり、「国家」や「民族」は彼らを抑圧するものと映りました（『〈民主〉と〈愛国〉』）。

国際政治学者の渡邉昭夫は「団塊の世代」について、「国民的な記憶、家族の絆《きずな》、企業とのつながり、社会との連帯感など、およそ組織とか制度なるもの一般への帰属意識が希薄化し、その結果、地理的にも時間的にも定まった位置を見つけられなくなった（あるいはそうしたものを見つける意志がはじめからない）若者」（『日本の近代8　大国日本の揺らぎ　1972～』）と表現しています。

戦後生まれの「団塊の世代」は、当然ながら戦争を直接に経験したわけではなく、敗戦後に社会を覆った戦争への憎悪感や喪失感をじかに体験することのない世代でした。

「戦争が終わって　僕らは生まれた／戦争を知らずに　僕らは育った」という歌い出しの『戦

争を知らない子供たち』(作詞：北山修　作曲：杉田二郎)という歌が流行し始めたのは1968年です。この歌では、「僕らの名前を　覚えてほしい／戦争を知らない　子供たちさ」という歌詞がリフレインされます。これは「団塊の世代」による旧世代に対するある種の「断絶宣言」であり、その分水嶺が戦争体験の有無にあったことが分かります。

高度経済成長の進展と平行した世代の交代は、「戦争の記憶」を急速に風化させていきました。これまで「六〇年安保」闘争や同じく1960年代に起きたベトナム反戦運動の広がりを支えた主要な原動力は、戦争を経験した世代の「戦争の記憶」だったからです。

しかし、戦争経験を持たない戦後世代が多くなると、「戦争の記憶」を次の世代へと継承することは難しくなっていきました。1960年代後半から戦争を経験した世代と戦争を知らない世代との間には埋めようもない「断層」が生じ始めます。

戦争を知らない世代にとって、「戦争の記憶」を共有する世代は、もはや「閉鎖的な感傷共同体」にしか映りませんでした。一方、戦争を経験した世代には、戦後日本に危うさと違和感を抱くようになりました。

『戦争を知らない子供たち』がヒットした2年後、戦争を経験した世代の俳優・鶴田浩二(1924～87年)が歌った『傷だらけの人生』(作詞：藤田まさと　作曲：吉田正)は、「古い奴だとお思いでしょうが／古い奴こそ新しいものを欲しがるもんでございます／どこに新しいものがございましょう／生まれた土地は荒れ放題／今の世の中／右も左も真っ暗闇じゃござんせんか」というセリフで始まります。

二つの歌の戦後日本への眼差しは対照的ですが、両者の「断層」は時間の経過とともに拡大していくことになります。

悔恨と無念と疾しさ

教育社会学者の竹内洋は、敗戦後の愛国心論の基底には、大きく分けて二つの共同体感情があったと言います。

一つは、戦争を食い止めることができなかったという自責の念によって形成される「悔恨共同体」です。それは**第3章**でも触れた丸山眞男の歴史観に基づいた「過ちを二度とくりかえすまい」という感情と密接に結びついたものでした。

もう一つは、「戦争をやむをえなかったとおもい、敗戦を悔しくおもう感情共同体」です。竹内はこれを「無念共同体」と呼びました。竹内によれば、敗戦後の愛国心論は、こうした二つの感情のせめぎ合いの中にあったと述べています（『革新幻想の戦後史』）。

ところが、1960年代以降の高度経済成長を経験することで、愛国心論にも変化が生じました。それは、先述したように、日高六郎が指摘した「滅私奉公」から「滅公奉私」時代へという国民意識の変化と関係するものです。

竹内は、高度経済成長を契機に、「悔恨共同体」や「無念共同体」とは違う第三の感情が生まれたと述べています（『革新幻想の戦後史』）。それは、公共的なものより私生活（私益）を優先するという、「花より団子」というべき国民意識の変化を指しています。

経済学者・思想家の佐伯啓思は、竹内の整理を認めた上で、戦後の愛国心論にはもう一つの国民感情が存在していたのではないかと述べています。それは、「誤った戦争を阻止できなかった」という悔恨の感情ではなく、また「無念共同体」の感情でもない、「死者たちに申し訳ない」というある種の感情です。

佐伯は、この「負い目」と「疾《やま》しさ」を伴う感情を次のように説明しています。

　これは、「悔恨共同体」でも「無念共同体」でもなく、しかもその両者の奥底に共通に流れている心情だと思われる。丸山は「悔恨共同体」は共産党に対する「負い目」をもたらしたという。確かにその面はあっただろう。だが、そのようにいうことによって、本質にある「負い目」は隠されてしまう。死者に対する負い目である。「死者たちに申し訳ない」という心情は、その後の戦後が今日あるように、おそるべき勢いで繁栄（虚の繁栄）を続けていけばいくほど、そこに埋没することの「疾しさ」を感じることになるであろう。それを「疾しさ共同体」とでも呼んでおこう。戦後の時空を支配するある種の不透明感、割り切れぬ感覚、その基底にある「負い目」はこのようなものではなかろうか。

（佐伯啓思『日本の愛国心』）

佐伯は「疾しさ共同体」という国民感情は歴史観の欠如に起因すると言います。それは、「大東亜戦争」「太平洋戦争」「アジア・太平洋戦争」などのように、今日までその呼称さえ確定できず、せいぜい「あの戦争」としか呼べないという戦後日本のあり方への批判と歴史観の欠如を意味しています。

ここには、戦後体制をアメリカによって「配給」され、日米安全保障条約によって国家の防衛を米軍に委ね、外交の大筋もアメリカに追従することを容認するという戦後日本における国家意識の欠如が加わります。端的にそれは、戦後日本が「国家」と正面から向き合ってこなかったことの帰結と言うべきものでした。

佐伯にとって、この「疾しさ共同体」と言うべき感情を隠蔽したままの愛国心論は、高度経済成長による経済繁栄にたやすく回収されてしまい、そこで展開される愛国心論は、「私的独白」や「私的感情の吐露」に等しいものと映りました。

しかもこうした類の愛国心論が、有無を言わせぬ「正義」の衣をまとって立ち現れることに、佐伯は戦後日本の愛国心論の根本的な欠陥を見たと言えます。

戦死者への「うしろめたさ」を抱えた戦中派

佐伯の言う「疾しさ共同体」は、「うしろめたさ」という感情と表裏をなすものでした。特に、戦争に直接参加した戦中派は、この「うしろめたさ」を重く受け止めた世代であったと言えます。

一般に戦中派とは、1919（大正8）年から1928（昭和3）年に生まれた世代のことです。戦前派は、大正デモクラシーによって開花した社会の自由な空気を経験しました。しかし、戦中派は、幼少時代から軍国主義を色濃くした教育を受けて育ち、青年期には徴兵・徴用の対象となり、昭和10年代の総力戦体制下では主力として動員された世代でした。実際、太平洋戦争（大東亜戦争）による戦中派世代の死亡率は、他の世代と比べて断然高いものでした。

また、戦争末期に実施された特攻作戦では、約4000名の命が失われましたが、そのうちの大多数は20歳前後の学徒兵や少年飛行兵でした。中でも、特攻死した士官搭乗員の約85％は学徒兵であったと言われています。

戦争によって命を落としたことの悲しさは当然ですが、戦友の死を間近で見届け、「生き残り」として戦後を生きなければならなかった人々の思いも過酷なものであったに違いありません。

戦中派であった評論家の鶴見俊輔は、かつて青春を共にした旧友の多くが死者となった戦中派の「生き残り」にとって、生き永らえた自らの命は「たまたま拾った僥倖にすぎないという二ヒリズム」が横たわっていたと言います。また、「戦争に生き残った者は、自分が生き残ったことの偶然性に不安を感じ、うしろめたさを感じる。そして、死者とともに生きるという感情を自分の中に保つことができた時、はじめて、ほんとうに生きているという実感を回復する」(『鶴見俊輔著作集(思想Ⅱ)』第三巻)とも述べています。

戦中派が共有した死者に対する「うしろめたさ」については、1923(大正12)年生まれの作家・遠藤周作も触れています。遠藤は、評論家の亀井勝一郎《かついちろう》、政治学者の猪木正道《まさみち》、経済学者の隅谷三喜男《すみやみきお》らとの会談の中で次のように述べています。

戦後の民主主義の中で僕らの世代というのは二つの傾向を持っていると思うのです。一つは、僕らの後の世代も僕らの前の世代も、戦争が終った後すぐに黒白をつけましたね。あの人が悪い、あの人がよかったというような黒白。あれは自分自身自信が持てないのです。自分が同じ状況に置かれたら同じことをしたかもしれないという不安がありますからね。もう一つは民主主義を作って戦争犯罪人を処刑してしまったら、戦争の罪の償いが全部済んだという気持ですね。あれは非常に不愉快でした。つまり自分と同じ世代の中でたくさん戦死した人がいるでしょう。死んでしまった人というのは、生き残った者と同じ形で民主主義が出来て戦争犯罪人の処刑が済むという幸福を味わえない。死んでしまった者のことはどうしてくれるのだといううしろめたさですね。

（久山康編『戦後日本精神史』）

こうした戦死者への「疚しさ」「うしろめたさ」は、大岡昇平《しょうへい》、吉村昭《あきら》、吉田満、阿川弘之《あがわひろゆき》らに代表される戦記文学の中でも言及されています。それは、同世代の多くの死を見つめながらも、自らは「生き残ってしまった」という感情であり、「悔恨共同体」や「無念共同体」という表現では掬《すく》い上げることのできないものであったと思います。

氾濫する自由と平和に彼らの亡霊は何を見るか

戦中派の抱えた戦死者への「疚しさ」「うしろめたさ」は、特に高度経済成長期以降の戦後社会に対する批判と表裏一体のものでした。

例えば戦艦大和の乗組員だった吉田満は、時に「辛《から》くして我が生き得しは彼等より狡猾《こうかつ》なり故にあらじか」という歌をよくつぶやいたと言われます。これは同じ学徒兵であった俳人・岡野弘彦の歌です。ここには戦中派の抱えた戦死者（戦友）への「疾しさ」の一端を見ることができます。

そうした吉田にとって、戦後日本から「戦争の記憶」が失われていくことは耐え難いものでした。吉田は１９６９（昭和44）年に発表した「戦没学徒の遺産」の中で次のように述べています。

私はいまでも、ときおり奇妙な幻覚にとらわれることがある。それは、彼ら戦没学徒の亡霊が、戦後二十四年をへた日本の上を、いま繁栄の頂点にある日本の街を、さ迷い歩いている光景である。（中略）

彼らが身を以て守ろうとした〝いじらしい子供たち〟は今どのように成人したのか。日本の〝清らかさ、高さ、尊さ、美しさ〟は、戦後の世界にどんな花を咲かせたのか。それを見とどけなければ、彼らは死んでも死にきれないはずである。（中略）

こうした彼らの願いは、戦後の輝かしい復興の中で、どのように満たされたのか。その切なる呼びかけは、誰かに聴き入れられたのか。それともこだまのようにむなしく反響しただけなのか。

さらに吉田は、「彼らの亡霊は、いま何を見るか、商店の店先で、学校で、家庭で、国会で、また新聞のトップ記事に、何を見出すだろうか。戦争で死んだ時の自分と同じ年頃の青年男女を見た時、亡霊は何を考えるだろうか」と問いかけます。そして、「この氾濫する自由と平和とを見て、これでこそ死んだ甲斐があったと、歓声をあげるであろう」、しかし、「もしこの豊かな自由と平和と、それを支える繁栄と成長力とが、単に自己の利益中心に、快適な生活を守るためだけに費やされるならば、戦後の時代は、ひとかけらの人間らしさも与えられなかった戦時下の時代よりも、より不毛であり、不幸であると訴えるであろう」と続けました。

佐伯啓思は、戦艦大和の「生き残り」である吉田の「問い」を「単純なものでも容易に割り切れるものでもない」としながらも、次のように代弁しています。

平和と繁栄は結構である。しかし、それが自己利益と他者への無関心だとすれば、それは簡単に認めるわけにはいかない。ここで他者とは、未来の美しい日本のために戦死した者たちであり、その戦死した若者たちの忘却の上に成り立った自己中心的な平和と繁栄など手放しで認めるわけにはいかない、ということだ。

（佐伯啓思『日本の愛国心』）

しかし、戦中派である吉田の思いはもう少し複雑です。なぜなら、過酷な戦争を経験した戦中派は、同時に戦後日本の復興を牽引した世代でもあったからです。特に日本銀行で戦後日本の経済復興に直接的な役割を果たした吉田には、戦後日本の姿はさらに自らの責任の重さを痛感させるものでした。高度経済成長を実現した今の日本を「死者」（戦友）はどう見たのか。戦後日本の繁栄は、「死者」が死を賭して願った姿であったのか。戦中派の「生き残り」は、「死者」（戦友）の死に報いることができたのか。そして実は「生き残り」こそが「戦後責任」を負うべきではないか。こうした思いは、日本銀行に身を置いていた吉田にとっては切実な問いであったはずです。

晩年、吉田は歌人・劇作家の寺山修二の次の歌を口ずさんだと言います。

マッチ擦るつかのま海に霧ふかし
　身捨つるほどの祖国はありや

戦中派は戦争で多くの犠牲を払い、その「生き残り」は「死者」への「うしろめたさ」と

「戦後責任」を抱えながら生きるという宿命を背負わなければなりませんでした。考えてみれば、これほど壮絶で過酷な世代はないかもしれません。ついでに言えば、三島由紀夫も戦中派でした。

しかし、戦後80年という時間の経過とともに、戦中派世代も戦後日本の「歴史」になろうとしています。戦中派の思いをどう受け止めるかということは、愛国心を考える際にも重要な視点です。

第6章　日本人としての自覚と「国旗・国歌」法

第1節　臨時教育審議会と「心のノート」

愛国心論の再浮上

高度経済成長による中間層の拡大は、「一億総中流社会」を実現しました。国民の関心はマイホームへと向かい、いわば「ネーションからマイホーム」への意識変化をもたらしたと言われました（新倉貴仁「中間層の空洞化」、吉見俊哉編『平成史講義』所収）。

高度経済成長の後、1980年代初頭頃までは、ナショナリズムをめぐる政治的な動きは目立たなくなり、愛国心をめぐる議論も表面化してはいません。国民は、経済的な豊かさを手に入れた一方で、特に愛国心を論じる必要がなくなったためと見ることができます。

また世界に目を転じれば、東西の冷戦構造が固定化したことで、逆に政治的な秩序が安定し、対外的な意味での愛国心への関心が低下したことも要因と考えられます。

しかし、1980年代中頃から、世界的な政治、経済の変化に呼応して、再び愛国心に関する議論が活発となりました。中でも教育の分野では、1984（昭和58）年に、中曽根康弘内閣のもとで設置された臨時教育審議会から2006（平成18）年12月の教育基本法改正までの時期に、愛国心をめぐる論議が高まりを見せました。

市川昭午は、その背景について次の3点を挙げています（『資料で読む　戦後日本と愛国心第3巻　停滞と閉塞の時代（一九八六～二〇〇六）』）。

まず第一は、「経済のグローバル化と国内政治の保守化」です。1989（平成元）年11月にベルリンの壁が崩壊し、冷戦が終結しました。ソ連（現在のロシア）と東ヨーロッパの政治体制の崩壊は、社会主義の「敗北」と捉えられるとともに、東側諸国の市場の開放をもたらしたことで、経済と産業が急速にグローバル化しました。ヒト、モノ、カネ、情報などが容易に国境を越えて行き交うようになり、新自由主義的な経済政策が展開されました。

経済のグローバル化によって、多くの企業が海外に拠点を移し、外国人労働者が流入したことで雇用をめぐる緊張と摩擦が生まれました。こうしたグローバル化に対抗する手段としての愛国心が、世界の各地で注目されました。

一方日本では、政府・自民党が、１９８０年代中頃から「戦後の総決算」を掲げ、福祉国家政策や非武装中立政策などを見直し、「普通の国」を目指すようになります。その一環として、１９８４（昭和59）年8月に中曽根内閣の首相直属の諮問機関として設置されたのが臨時教育審議会です。臨時教育審議会は１９８７（昭和62）年までに四つの答申を行い、その内容はその後の教育改革を先導する役割を果たしました。

こうした流れは、１９９３（平成５）年の細川連立内閣の成立による「五五年体制」の終焉によってさらに強まります。これ以後、左翼勢力は凋落し、日本社会党や民主社会党も姿を消しました。

第二は、「東アジアにおける国際関係の緊張の高まり」です。東西冷戦が終焉したにもかかわらず、東アジアでは国家間の対立や軍事的緊張が拡大し、中国の軍事費の増大と北朝鮮によるミサイル発射、核開発、外国人拉致などの問題が表面化しました。

日本の安全を脅かすこれらの事件が頻発したことは、日本が先の大戦の加害者の立場から、現代では被害者の立場へ転じたという意識を喚起していきます。

一方、東アジア諸国は、第二次世界大戦における日本の戦争責任を追及し、謝罪要求を強く繰り広げました。

こうした謝罪を求められ続ける外交姿勢に対して、日本国内から反感が湧き起こります。

１９９６（平成８）年には、従来の歴史教科書が日本にのみ非があるとして、自虐的な東京裁判史観やソ連や中国の共産主義を正当化するコミンテルン史観（階級闘争史観）の影響を受けていると批判し、「自虐史観」から脱却した「自由主義史観」の教科書づくりを目指す「新しい歴史教科書をつくる会」が設立されました。また、先述の元号法制化国民会議が改組されて結成した「日本を守る国民会議」などにより、１９９７（平成９）年には日本会議が結成されました。

第三は、「日本国内における社会不安の増大」です。１９９０年代初頭のバブル経済（平成景気）の崩壊は、リストラや非正規雇用の増大などの雇用不安を招く結果となり、所得格差が増大しました。高度経済成長によって実現された「一億総中流社会」が行き詰まり、社会における格差の拡大や少子高齢化による社会保障システムの不安定化は、国民に将来の不安感を増幅させることになりました。

市川は、社会的な屈辱を感じる人々は、国家の一員であることに新たな自尊心と尊厳を見出しがちであると述べ、「我が国でも生命や生活などに関する不安の感情がナショナリズムを培養する基盤となっており、これはヨーロッパ諸国に見られる右翼の台頭と共通している」と指摘しています。

また、こうした状況の中での愛国心論議の特徴として市川は、①「下からのナショナリズム」への転換、②左翼やリベラルが愛国心を直接唱えるのではなく、マイノリティの復権などを中心的な課題へと転換したこと、③これまで学校教育を中心とした愛国心論の対象が、各種メディアを媒体とするものへと拡大したこと、④戦後の愛国心及び愛国心教育の再検討をする研究が進展したこと、などを挙げています。

中でも「下からのナショナリズム」については、先述した「新しい歴史教科書をつくる会」の草の根的な運動が典型的なものと言うことができます。（小熊英二、上野陽子『〈癒し〉のナショナリズム――草の根保守主義の実証研究』）。

戦後教育の「天皇抜き」の愛国心

ところで、1980年代の愛国心論では、1970年代までに見られた天皇への言及は影を潜め、いわば「天皇抜き」の愛国心論が主流となったことが特徴でした。

先述したように、「国民実践要領」や「期待される人間像」では、歴史と文化を共有した国家・国民と天皇との関係に言及され、構造的に捉えられていました。

しかし、冷戦の終結する1980年代後半、すなわち元号が昭和から平成に代わる時期から、天皇や皇室への国民の関心は低くなっていきます。

例えば、憲法学者の百地章は、「従来の保守には中核に天皇への思いがありました。現在の保守のなかにはそれがなくなってきているものもいる。国益とか国家という枠組みは大切にするけれども中身がない。基本となる歴史観を失ってしまっている」と述べています（神保哲生他編『天皇と日本のナショナリズム』）。

また、評論家の浅羽道明《あさばみちあき》も、「〃保守〃には〃愛国〃はある。しかし、〃尊王〃はない」（『ナショナリズム――名著でたどる日本思想史入門』）と指摘しています。

たしかに、１９８０年代に入ると愛国心論において天皇への言及が少なくなったことは事実です。しかし、教育においてはこの指摘は別の意味で当てはまりません。なぜなら、「国民実践要領」や「期待される人間像」が学習指導要領の記述に重要な役割を果たしたことは事実ですが、そもそも学習指導要領では愛国心や人類愛については言及されていたものの、天皇については全く言及されてこなかったからです。一般の愛国心論とは違い、教育では最初から「天皇抜き」の愛国心であったと言えます。愛国心論と天皇との関わりで言えば、教育においては「国民実践要領」や「期待される人間像」の方が「異質」だったのです。

世界の中の日本人としての自覚

愛国心に対する議論の高まりの中で、臨時教育審議会は、１９８５（昭和60）年６月の第一次答申で「国を愛する心を育てる教育」を掲げました。

また、1986（昭和61）年4月の第二次答申においては、「個々人は、一人で存在するものではないのであって、教育基本法の教育の目的にいう『平和的な国家及び社会の形成者』としての責任を果たす自覚をもつことが求められる。このため、公共のために尽す心、他者への思いやり、社会奉仕の心、郷土・地域、そして国を愛する心、社会的規範や法秩序を尊重する精神の涵養が必要」であると提言しました。さらに、国際化社会における教育課題について、「日本人として国を愛する心をもつとともに狭い自国の利害のみで物事を判断するのではなく、広い国際的、地球的、人類的視野の中で人格形成をめざす」と明記しました。

すでに1974年の中央教育審議会答申では「国際交流」が重視されましたが、臨時教育審議会の答申ではさらに「国際貢献」の視点が加わり、1989年告示の「平成元年版中学校学習指導要領」では、「世界の中の日本人としての自覚」が強調され、「第3章道徳」で次のように記述されました。

・日本人としての自覚をもって国を愛し、国家の発展に尽くすとともに、優れた伝統の継承と新しい文化の創造に役立つように努める。
・世界の中の日本人としての自覚をもち、国際的な視野に立って、世界の平和と人類の幸福に貢献するように努める。

特に、「世界の中の日本人としての自覚」について、「平成元年版中学校学習指導要領解説道徳編」は、「他の国には、日本と同じように、その国の伝統に裏打ちされたよさがあることやその国独自の文化と伝統に各国民が誇りをもっていることを理解させることが大切で、外国の人々や異文化に対する理解と尊敬の念が重視されなければならない」、「『世界の平和と人類の幸福に貢献する』という理想を抱き、少しでもその理想の実現に努めなくては、真の国際理解とはいえない」とした上で、次のように述べています。

その理想の実現のための基本となることとは、国によってものの考え方や感じ方、生活習慣などが違っても、どの国の人々も同じ人間として尊重し合い、差別や偏見を持たずに公正、公平に接するということである。おごらず、へつらわず、対等に付き合って、はじめて正しい意味での国際人と呼べるのである。さらに国を愛する心は、国際的な視野に立って、「世界の平和と人類の幸福に貢献する」という広い心に支えられて、高められていくものである。

この解説をまとめた文部省の教科調査官（当時）の安澤順一郎は、道徳における「世界の中の日本人としての自覚」は、「主体性のある日本人として国際社会に処していける人間になることを求めて指導」することであると述べています。具体的には、①わが国に対する理解と態度と同様に、外国の人々や異文化に対する理解と尊敬の念を深め、どの国の人々をも同じ人間として尊重し合おうとする自分を育てる、②常に国際的な視野に立ち、人類全体の幸福を考え、世界平和や人類の福祉に貢献できる人間になろうとする自分を育てる、③世界の中の日本人としての自覚をもち、国際的な視野に立って世界の平和と人類の幸福に貢献しようとする自分を育てる、ことの必要性が強調されます（安澤順一郎編著『中学校道徳　内容項目の研究と実践22　4―（9）国際連帯・人類愛』）。

低調な愛国心教材

では、「世界の中の日本人としての自覚」が掲げられ、愛国心についての指導の視点が明確となったことで、道徳における愛国心資料には変化があったでしょうか。以下に紹介するのは、「広三さんの牧場」と題した中学校1年の教材です。

1　主題名「国を愛する心」（第1学年　1単位時間）

2　主題設定の理由

今後ますます進展することが予想される国際化に日本人として対応していくためには、諸外国の人々の生活や文化を理解し尊重する姿勢が必要となる。それは諸外国に合わせる態度ではない。わが国の文化と伝統を大切にする態度をもって、世界と日本とのかかわりに関心をもつことが求められているのである。それは「主体的に生きる日本人」にほかならない。

主体的であるということは自主自律的であるということである。「主体性のある日本人」とは自主自律の精神が身についた日本人としてのアイデンティティーをもち、独自性と矜持とを抱いた日本人を意味しているのである。国際化が進む中で一人ひとりが無国籍な人間になったり、独善的・排他的になるのではなく、それぞれの国の独自性を発揮して協調できるような人間になることにより、国際社会はより豊かになるのである。したがって、その根底には真の愛国心をもつことが求められているのである。

3　資料名　広三さんの牧場（文教社　工藤勝弘・文）

4　資料のあらすじ

広三さんは、自分の家がカナダから来たジュロン氏の見学先に選ばれた時、自分の家の中を見せるのはいやだと初めは返事をしぶった。しかし、この村では古くからある家でもあり、家もこの地方独特のがっちりした大きな造りだし、それに村一番の養蚕農家だからということで強く要望され、しかたなしに承知したのだ。

正午をかなり過ぎてから、ジュロン氏は通訳の人と一緒にやってきた。気楽な気持ちで接待してくれればいいという約束なので特別な用意はしなかった。ごく普通の農家の昼食を用意した。食卓の上に並べられた食事はいかにもみすぼらしく見えた。食器も来客用だがくすんだ色をしたものばかりである。せめて花からの陶器にすればよかったと思ったがもう間に合わない。

一緒に食事をするとなるとやはり緊張した。むしろジュロン氏の方が気軽に笑顔を見せ、さかんになにかしゃべっている。もちろん広三さんにはわからない。通訳の人が答えている。通訳の人の説明にジュロン氏はしきりにうなずいている。ときどき「オー」とか「ホー」と大げさな身振りでうなずく。

「ジュロンさんはとても感心しています。すばらしくうまいそうです。自分の家で作ったとは思えない、どこかの料理屋で作らせたのではないかと言っています。それに食器がすばらしいと言っています。」

ようやく食事が終わった。通訳の話ではダイズを使ったとうふは肉を食べているような感じだし、つけ物は新鮮な野菜そのものだそうである。まして、タケノコが裏やぶにはえていて、気軽に料理できるなどとは考えもしなかったと言う。

いよいよ家の中の見学である。ジュロン氏はすすけた木の柱をなでまわしたり、ふすまを動かしてみてはしきりにさかんにうなずく。母屋の天井のはりを見た時は、感動した様子だった。日本人でもこの家のはりの太さに感心する。なにしろ百年以上も前の建物だが、このはりのおかげでびくともしない。

庭を通って蚕室のほうに案内すると、ジュロン氏はいきなり「オー」と大声を出す。目は大きく見開かれて、おどろき、感動している様子がはっきりとわかる。

「グランド・ファーム（広い農場）！」ジュロン氏はそうさけんでいる。

「広大な農場である。広い羊が何万頭も群がる偉大な牧場である。わたしは一個の農家がこのようにたくさんの絹を産む羊を飼っているのを見たことがない。すばらしいながめである。わたしは、日本の農家の偉大さを知らされた。ミスター・コウゾウは大牧場主である。」

広三さんは通訳の言葉を聞くと、照れ臭いやらうれしいやら、表現できない気分におそわれた。広三さんは普段から、自分の家はこの村でこそ大きな農家であるがアメリカやカナダの農家とは比べものにならないほど小さなものだと思っていた。ジュロン氏の言った多くのことが広三さんにとって自分の仕事や生活を見直してみる一つのきっかけになったのである。

（安澤順一郎編著『中学校道徳　内容項目の研究と実践21　4―（8）愛国心』）

「あらすじ」とはいえ、長い文章となりましたが、いかがでしょうか。いい話だと思います。しかし、この資料で果たして「世界の中の日本人としての自覚」「主体性のある日本人」の育成に資することができるでしょうか。

残念ながら私には、何度読んでもこれがどのように愛国心（国を愛する心）と結びつくのか分かりませんでした。ちなみに、「平成元年版学習指導要領」において愛国心の内容は、「国民としての自覚を高めるとともに、国際理解、人類愛の精神をつちかっていこう」とされていました。私には、この資料が「国際理解・人類愛の精神」を培うためにも適切なものとは思えませんでした。

臨時教育審議会や学習指導要領では、国際化への対応として「世界の中の日本人の自覚」が目標として加えられました。しかし、その役割を担う道徳における愛国心についての資料は、１９５８（昭和33）年の「道徳の時間」の設置から変わらず低調なままであったと言えます。しかも、「道徳の時間」の実施率が上がらない状態は続いており、子供たちが愛国心について学ぶ機会はほとんどなかったというのが実態でした。

「心のノート」に対する「国民精神改造運動」という批判

学校の道徳授業が停滞することの対応として、文部科学省は２００１（平成13）年1月に「21世紀教育新生プラン――レインボープラン〈7つの重点戦略〉」を発表し、「心のノート」の作成・配布を提案しました。

「心のノート」は、小学校1・2年用、同3・4年用、同5・6年用、中学校用の4種類があり、その内容は、小中学校の学習指導要領に基づいて構成されています。それぞれのページは、子供が道徳的価値に気づいたり、自らを振り返ったりするイラストや写真、詩や文章、自らの思いを記入する欄などが設けられています。

「心のノート」作成の趣旨は、「児童生徒が身に付ける道徳の内容を、児童生徒にとってわかりやすく書き表し、道徳的価値について自ら考えるきっかけになるものであり、学校における教育活動全体において活用され、さらには学校と家庭等が連携して児童生徒の道徳性の育成に取り組めるものとして活用されることを通して、道徳教育のより一層の充実を図ろうとするものである」（『心のノート』の活用に当たって」）と説明されました。

「心のノート」に対しては、さまざまな問題の解決を個人の「心」の問題に還元しようとする、いわゆる「心理主義的」な傾向への批判がありました。また、「心のノート」が文部科学省によって作成・配布されたことで、国家による「心」の統制を助長するものであるとの批判もありました（小沢牧子・長谷川孝編『「心のノート」を読み解く』）。

「心のノート」は、「二一世紀版『期待される人間像』」「国定教科書の再登場」や「国民精神改造運動」などと批判されましたが、ここで特に問題視されたのが、やはり愛国心に対する危惧でした。

では、「心のノート」の中で愛国心はどのように記述されていたのでしょうか。「心のノート」批判が指摘するように、「国民精神改造運動」と言うべき勇ましい愛国心が説かれていたのでしょうか。結論から言えば、決してそうしたものではなく、従来の「道徳の時間」での愛国心の資料と同様に、総じて消極的なものであったと言えます。例えば「心のノート」で愛国心に関連する記述は次のようなものです。

○我が国を愛し、その発展を願う
我が国には
春夏秋冬がはっきりした自然があり、美しい風土がある。
その、ひとつひとつの季節には
私たちの心に響く景色があり

音があり、色があり、風がある。
ふるさとを愛する気持ちをひとまわり広げると
それは日本を愛する気持ちにつながってくる。
私たちが暮らすこの国を愛し
その発展を願う気持ちは、ごく自然なこと。
でも、私たちはどれほどこの国のことを知っているのだろうか。
いま、しっかりと日本を知り、優れた伝統や文化に対する認識を新たにしよう。
この国のすばらしさが見え、そのよさを受け継いでいこうとするとき
国際社会の一員として、地球人の一人として
日本を愛することが、狭くて排他的な自国賛美であってはならない。
この国を愛することが、世界を愛することにつながっていく。

○あなたは「日本の伝統や文化」の頼りになる後継者である。
脈々と伝えられてきた伝統を私たちは意識せずとも受け継いでいる。
それらは私たちの心にしみわたり新たな文化の創造のみなもとになる。

このほか、「心のノート」では、「国際化が大きく進展する中で、これからの世界をつくっていくのは私たち。我が国や郷土ではぐくまれてきた伝統文化のよさについて理解を深め、日本人としての自覚をもって、国際社会の中で独自性をもちながら、世界に貢献することが求められている」と記述されています。

こうした記述は、「国民実践要領」や「期待される人間像」で示された愛国心や国際理解（人類愛）の捉え方が基本となっていることは確かです。しかし、その内容は「ごく当たり前」のことが書かれたに過ぎませんでした。少なくとも、これらの記述によって国家による「心の統制」ができるとも思いませんし、「心のノート」を作成・配布することが、「国民精神改造運動」であるという批判もあたりません。

一方で問題とすべきは、こうした「ごく当たり前」の内容によって、愛国心が育成されるのかということです。

愛国心への関心が高まり、教育基本法の改正が具体化されようとしていたこの時期、愛国心をめぐる議論（批判）が厳しくなっていたことは事実です。そのため、「心のノート」の愛国心に関わる記述が抑制された「ごく当たり前」のものにならざるを得なかったという配慮があったことは確かでしょう。

しかし、先述したように愛国心資料の低調さは、愛国心を批判する立場にとっても「拍子抜け」する程度のものであったに違いありません。「心のノート」をめぐっては、激しい議論が展開されました。その主要な争点となったのは愛国心ですが、少なくとも愛国心に関して「心のノート」が実質的な影響力を持つことはありませんでした。

愛国心は評価できるのか

愛国心についての議論の混迷は、教育現場にも混乱をもたらしました。2002（平成14）年、福岡市の小学校が、社会科の「関心・意欲・態度」の評価項目として「我が国の歴史や文化を大切にし、国を愛する心情をもつとともに、平和を願う世界の中の日本人としての自覚をもとうとする」と通知表に記載していたことが報道されました。

2003（平成15）年4月の朝日新聞の報道では、福岡市に限らず、少なくとも11府県28市町の172校で「国を愛する心情」が成績評価の項目となっていたとされます。取材に当たった記者は、「今回の取材では、偏狭なナショナリズムが一般市民の中に存在していることも痛感した」と述べています。「偏狭なナショナリズム」が具体的に何を指すのかは分かりませんが、そもそも愛国心をどのように評価できるのかが課題であることは確かでした。

そのため、この点の見解も分かれました。例えば、教育学者の田中耕治は、愛国心のような情意的な領域は認知的な領域とは違い私的な魂の問題であり、これを評価することはインドクトリネーション（特定の心情や価値観の押し付け）につながると批判しています（「『関心・意欲・態度』問題としての愛国心通知表」）。

これに対して元文部官僚であった菱村幸彦は、愛国心を指導する限り、その達成度を評価することは必要であるとして、次のように述べます。

指導と評価とは一体である。指導した内容について何が達成され、何が達成されないかを多様な観点から評価することは、教育上不可欠である。それは決して不要なことでも、不当なことでもない。

（「いつまで膾（なます）を吹くのか」）

この問題に対して政府は、「我が国の歴史や伝統に関する学習内容に対する関心・意欲・態度を総合的に評価する」ものであって、「子供たちの内心に立ち入って評価するものではない」と国会で答弁しています。

しかし、この答弁の内容は必ずしも明確ではありません。学習指導要領に愛国心が明記されている以上、何らかの方法で愛国心を教えることは求められるはずです。また、愛国心を情意的な領域、認知的な領域と分けることも難しいところです。例えば、愛国心と関係がある日本の文化や伝統についての理解は認知的な領域でもあります。さらに、愛国心が認知的な領域でもあるとすれば、少なくともその部分での愛国心についての評価は可能ということにもなります。

愛国心についての議論が多様であることはこれまでも繰り返して述べてきました。ある意味でそれは、戦後日本の歴史の中で愛国心に関する研究が進んでいないことを意味していました。愛国心が現実的な課題として表出するのは主に教育の場においてですが、この愛国心の通知表記載の問題はそのことを象徴するものの一つでした。

第2節　国旗・国歌の法制化と愛国心

国旗・国歌への批判と反論

臨時教育審議会は1987（昭和62）年8月の最終答申で、「日本人として国を愛する心をもつ」必要があることに関連して、学校教育では国旗・国歌の適切な取扱いがなされるべきであると提言しました。

これを受けて、1989（平成元）年改訂の「平成元年版学習指導要領」は、国際化の進展を踏まえ、これからの国際社会に生きる児童生徒に対して国旗・国歌についての正しい認識を持たせ、それを尊重する態度をしっかりと身に付けさせることが大切であるとし、入学式や卒業式における国旗・国歌の取扱いを規定しました。

第3章で述べたように、戦後の「国旗・国歌」問題は、1950（昭和25）年の「天野談話」が起点となりました。同年10月17日、天野貞祐文部大臣は、国民の祝日においては、「国旗を掲揚し、国歌を斉唱することもまた望ましい」という談話を発表し、文部省はこれを各都道府県教育委員会等に通達しました。

これに対して日教組などは、激しい抗議を繰り返しました。日教組は、1951（昭和26）年の定期大会以来、「日の丸」を「軍国主義と侵略のシンボル」、「君が代」を「主権在民の憲法原理を否定するもの」として位置付けて組織的な批判を続けました。国旗・国歌をめぐる対立は、1950年代以降の「文部省対日教組」を象徴するものの一つでした。

学習指導要領に「国旗・国歌」が明記されたのは、「昭和33年版学習指導要領」からです。ここでは、「国民の祝日などにおいて儀式を行う場合には、（中略）国旗を掲揚し、君が代を斉唱することが望ましい」と明記されました。

続いて、「昭和52年版学習指導要領」では、「国旗を掲揚し、国歌を斉唱させることが望ましい」と変更され、「平成元年版学習指導要領」では、「入学式や卒業式などにおいては、（中略）国旗を掲揚するとともに、国歌を斉唱するよう指導するものとする」と明記されました。

こうした学習指導要領への「国旗・国歌」の明記について、日教組は一貫して批判を繰返しました。例えば、日教組が１９７５（昭和50）年の定期大会において決定した「『日の丸』『君が代』に対する日教組の統一見解」は、次の点を指摘しました。

①「君が代」の歌詞内容とその歴史的役割は、「主権在民の憲法原理と教育基本法の民主的教育理念を否定するもの」であること。

②「日の丸」が国家の標識であることは否定しないが、「明治憲法下の天皇制国家主義のシンボルとして扱われてきた歴史的事実にてらしてこの思想を復活する意図に反対」であること。

③政府・自民党が「国家主義の復活強化をはかることを目的」として推進しようとしている「君が代」「日の丸」の法制化には反対であること。

④学習指導要領をてこに、「日の丸」を学校教育に強制的に持ち込むことに反対し、その背景とねらいについて徹底的に討議を深め、「あくまで教育課程の自主編成の原則的立場にたって」対処すること。

こうした批判に対する政府や文部省（文部科学省）の見解は、概ね一貫したものでした。市川昭午はその内容を次のように整理しています。

① 国旗と国歌はすでに国民の間に定着している。
② 天皇は日本国及び国民統合の象徴であり、君が代は我が国の繁栄と平和を祈念するものである。
③ 思想・良心の自由は内心の自由にとどまる限りは絶対的に保障されなければならないが、外部的行為となる場合には一定の制約を受ける。
④ 学校において国旗・国歌の意義を理解させ、それらを尊重する態度を育てることは重要である。ただしそれは、児童生徒の内心にまで立ち入って強制するものではない。
⑤ 校長が学習指導要領に基づき、法令の定めるところにより教職員に本来行うべき職務を命ずることは思想・良心の自由を侵すことにはならない。教職員は地方公務員法第三二条の規定に基づき、法規の規定及び上司の命令に従わなくてはならない。

（市川昭午『愛国心——国家・国民・教育をめぐって』）

「国旗・国歌」問題は、結果的には「徹底的に討議」されませんでした。議論の中身は政治的イデオロギー対立に終始し、国家観や歴史観などの基本問題に踏み込むことはありませんでした。議論の中身は結局、「日の丸・君が代を国旗・国歌とする法的根拠が明確でない」という、いわば「入り口論」で膠着してしまい、進展しませんでした。

「国旗・国歌」問題の議論が膠着する中で、教育現場での国旗・国歌の扱いは混乱しました。たとえ校長が学習指導要領に基づく対応を実施しようとしても、職員会議で否決される場合も決して少なくありませんでした。

さらに日教組は、「平成元年版学習指導要領」が国旗・国歌の扱いを「入学式や卒業式など」と明記したことを逆手に取り、入学式や卒業式以外の教育活動では国旗の掲揚も国歌の斉唱も必要ないと主張しました。

実はこれまで、運動会などの学校行事などでも国旗の掲揚と国歌の斉唱を実施している学校が多くありました。ところが、学習指導要領で国旗・国歌に対する積極的な明記がされたことで、それまで実施されていた運動会などの学校行事で国旗が掲揚されず、国歌斉唱も行われなくなるという皮肉な結果をもたらしたのです。

しかし、マスコミの報道は、こうした学校現場の状況を伝えることはなく、もっぱら都道府県ごとの国旗の掲揚や国歌斉唱の実施状況を数字（%）で掲載するだけでした。

「国旗・国歌」法の成立

学校の教育現場での国旗・国歌をめぐる混乱が続く中で、1999（平成11）年2月、広島県の県立高等学校の校長が自殺をするという不幸な事件が起きました。

この事件は、校長が学習指導要領の定めに基づき、卒業式での「国旗」掲揚と「国歌」斉唱を求めたところ、職員会議で反対され、思い悩んだ末の悲劇でした。

この不幸な事件を契機として、同年8月13日に「国旗及び国歌に関する法律」（以下、「国旗・国歌」法）が制定・公布され、「国旗は日章旗とする」「国歌は君が代とする」と定められました。

この時期、「日の丸」を国旗、「君が代」を国歌とすることは、各種の世論調査で国民の大多数が容認していました。そのため、国旗・国歌が「慣習法」や「事実上の慣習」として定着している状況では改めて法制化する必要はないという意見もありました。

また、国旗・国歌を法律で規定することは、時の政府によって改正される可能性を持つことになるため、歴史、伝統、文化の象徴である国旗・国歌は、そもそも法制化にはなじまないという意見もありました。

しかし、「国旗・国歌」法成立の契機となったのが、広島県の不幸な事件を発端としていたことを踏まえても、「国旗・国歌」問題の「入り口論」に一定の区切りを付けることは必要であったと言えます。

もっとも、「国旗・国歌」法は、国旗・国歌を規定するにとどまり、その尊重義務や遵守義務を規定するものではありませんでした。同年9月に文部省が発出した通知は、「国旗・国歌」法は、「〝日章旗〟及び〝君が代〟について、成文法でその根拠を定めたものであり、学校における国旗・国歌の指導については、学習指導要領に基づいて行われているところであり、法施行に伴って、このような指導の取り扱いを変えるものではない」とするものでした。

しかし、それでも「国旗・国歌」法によって、国旗と国歌の法的な根拠が明確となり、従来の「入り口論」に決着がついたことは重要な意味を持ちました。入学式・卒業式での国旗掲揚と国歌斉唱が教育現場に確実に定着・浸透していったからです。

「国旗・国歌」法制定後の問題

「国旗・国歌」法の成立は、結果として国旗・国歌を政治的なイデオロギー論から解放したと言えます。これによって、愛国心に関わる日本の国家観や、文化、伝統などの本質的な課題を考える契機となることが期待されました。

ところが、その後の愛国心論議は、こうした課題の中身に直接に踏み込むことはなく、その批判の主眼に大きな変化はありませんでした。
例えば、教育学者の久保義三は次のように述べています。

戦後の講和条約前後に、支配層は、象徴天皇を、政治権力はもっていなくとも日本の国家および国民を指導するもの、あるいは道徳的世界における指導性を発揮する存在であるとして、その象徴概念を不当に拡大し始めたのである。このような象徴概念の拡大、とくに天皇の権威をして道徳的中心たらしめるという発想には必然的に愛国心の昂揚、日の丸の掲揚、君が代の斉唱、記・紀神話の建国物語の登場および象徴天皇への敬愛教育が連動して随伴してくるのである。

（久保義三『新版昭和教育史』）

先述したように、「国旗・国歌」法が、従来の「入り口論」に一定の区切りを付けたことは事実です。しかし、「国旗・国歌」法が制定されて以降は、国旗・国歌が教員や児童生徒の思想・信条の自由を侵害するか否か、ということが主要な争点となりました。
例えば、１９９９（平成11）年、東京都日野市の音楽科教員は、校長からの入学式での国歌伴奏の指示を拒否し、東京都教育委員会から職務命令違反で処分を受けたことを不服として、訴訟を起こしました。この訴訟は最高裁まで争われましたが、２００７（平成19）年２月、最高裁は校長の職務命令を適法とする判決を下しました。

判決の要点は、校長の職務命令は思想及び良心の自由を保障した日本国憲法第19条に違反したものではなく、①国歌のピアノ伴奏を求める職務命令が教員の歴史観や信念を否定するとは認められない、②入学式で国歌のピアノ伴奏を命ずることは、特定の思想を強制したり、禁止したりするものではない、などとするものでした。

また、東京都教育庁は、２００３（平成15）年10月23日、都立高等学校長に対し、「国旗・国歌」の適正実施を求め、学習指導要領に「入学式や卒業式などにおいては、その意義を踏まえ、国旗を掲揚するとともに、国歌を斉唱するよう指導するものとする」とあること、「校長や教員は、関係の法令や上司の職務上の命令に従って教育指導を行わなければならないという職務上の責務を負う」ことを通達しました。

この通達では、「国旗は、式典会場の舞台壇上正面に掲揚する」「会場は、児童・生徒が正面を向いて着席するように設営する」といった細かい手順が示されていました。これは、卒業式で卒業生と在校生が対面して着席する「フロア形式」とし、そのことを理由として、国旗を三脚に固定して会場の片隅に置く学校が多かったためでした。

この通達については、日教組や東京弁護士会などが声明などを出して反対しましたが、卒業式を控えた2004(平成16)年3月、読売新聞は、「確かに、厳しい縛りだが、そうせざるを得ない実態が、学校にはある」とした上で次のような社説を掲載しました。

(フロア形式は)「子供が主人公の式」との主張からだが、反対派教師が、国旗掲揚の趣旨を薄めようとして実施していることが多い。通達は、そうした搦《から》め手からの〃妨害工作〃を防ごうとするもので、やむを得まい。式典は、国旗を正面に掲げた会場で、厳粛に実施したい。日本では、戦前の軍国主義体制への嫌悪感などから、国家について突き詰めて考えることを避け、国旗、国歌への態度も曖昧《あいまい》にする傾向が続いてきた。先進国は共通して、学校での国旗、国歌教育を重視している。アメリカでは法律で、学校などの公的機関に国旗を掲揚することが定められている。自分たちの歴史や文化、アイデンティティー(自己同一性)を確認し、国の将来を構築する意志を示すためだ。国旗、国歌を通じ子供に精神的な支柱を形成する取り組みが、グローバル化が進む今、以前にも増して重要だ。

(読売新聞2004年3月1日朝刊)

また、校長による国旗掲揚や国歌斉唱の指示に従わなかった教員が、職務命令違反を理由に処分を受けたことを不服とした訴訟も相次ぎました。例えば、東京都立高校の教員が、卒業式において国歌の起立・斉唱を行わなかったことで再雇用されなかったことを不服とした訴訟がありました。

これについても最高裁は、2011（平成23）年5月の判決で、国旗掲揚・国歌斉唱は個人の思想及び良心の自由を間接的に制約する可能性はあるが、学校行事としての合理性・必要性は認められるとして合憲と判断しました。

「国旗・国歌」法の制定と、その後の思想・信条の自由をめぐる最高裁判決によって、学校における「国旗・国歌」をめぐる論争には一応の決着がついたと言えます。

国旗・国歌は愛国心問題か

こうした国旗・国歌をめぐる混乱は、スポーツの世界にも大きな影響を与えました。1997年にサッカーの国際試合の両国国歌演奏の時に、日本代表の選手が国歌を歌わなかったために批判されたことがありました。当時はまだ、「日の丸」「君が代」に反対する風潮が日本国内にあり、日本代表選手と言えども国歌を歌うことが憚《はばか》られるような雰囲気があったからです。

しかし、今では、サッカーW杯でも、野球のWBCでも、オリンピック・パラリンピックでも、国際大会で国旗掲揚、国歌斉唱をする際は、どの選手も国旗に敬意を払い、国歌を斉唱するようになりました。

もっとも、オリンピック・パラリンピックなどの国際大会を取り上げて、「国旗・国歌」を愛国心の問題と直接的に結び付けて論じることができるかどうかは検討の余地がありま す。それはスポーツ競技としてあまりに様式化・形式化されているからです。

もちろん、国旗・国歌が愛国心問題と関係がないと言っているわけではありません。しかし、国際大会での国旗掲揚、国歌斉唱は愛国心問題というよりは、相手国に対する礼儀、国際儀礼の問題であると言えます。

本書で述べてきたように、日本の場合は、国旗・国歌は愛国心の問題として論じられる歴史があり、それが今にも及んでいる側面があります。しかし、スポーツでの国際大会に限らず、一般の公的な儀式では国旗掲揚、国歌斉唱はごく当たり前の礼儀であり、ましてや思想・信条の自由の問題として論じられることは疑問です。

先ほど紹介した読売新聞の社説の中で、アメリカでは学校などの公的機関に国旗を掲揚することが定められているという記述がありました。たしかに、アメリカ、ドイツ、イタリアなどのように法律で義務付けられている国もありますが、フランスのように規定のない国もあります。また、学校教育では入学式や卒業式等での国旗掲揚、国歌斉唱が行われていない国も少なくありません。

１９９９年の「国旗・国歌」法の制定をめぐって、こうした諸外国の例を引き合いに出しながら、日本でもこうした法的な規定は必要ないとする主張もありました。しかし、実は諸外国では授業の中で自国の国旗・国歌について教えられ、他国の国旗・国歌への敬意を払うことが指導されています。つまり、学校の儀式で国旗掲揚、国歌斉唱が実施されることの有無に関係なく、国旗・国歌についての教育が行われているのです。逆に言えば、こうした教育がされているために、学校の儀式で国旗掲揚、国歌斉唱を特に問題とする必要がないとも言えます。

国旗・国歌はその国の歴史、文化、伝統と密着する問題です。そのため、これらは愛国心の問題とも関わります。ただしそれは、愛国心問題が国旗・国歌に集約するということではありません。国旗・国歌の是非を論じることではなく、これらを自明のことと受け入れた上で、愛国心のあり方が議論されるべきでしょう。戦後日本の歴史が、国旗・国歌を愛国心と殊更に結びつけて論じてきたことの方が問題なのです。

第7章
教育基本法改正で明記された愛国心の行方

教育改革国民会議の提言

「国旗・国歌」法の制定と前後して、教育基本法改正を求める動きが強くなりました。自由民主党の教育改革実施本部教育基本法研究グループは1999（平成11）年8月、教育基本法の見直しの開始を決定、翌2000年3月には内閣総理大臣の諮問機関として設置された教育改革国民会議が、同年12月の報告で「新しい時代にふさわしい教育基本法」の制定を提言しました。

教育改革国民会議の提言では特に、「子どもの社会性を育み、自立を促し、人間性豊かな日本人を育成する教育を実現する」という視点を掲げ、「自分自身を律し、他人を思いやり、自然を愛し、個人の力を超えたものに対する畏敬の念を持ち、伝統文化や社会規範を尊重し、郷土や国を愛する心や態度を育てるとともに、社会生活に必要な基本的な知識や教養を身に付ける教育は、あらゆる教育の基礎に位置づけられなければならない」と提言しました。

民間でも愛国心を求める動きは強くなり、新しい教育基本法を求める会（会長・西澤潤一）は、２０００年９月に総理大臣および文部大臣に提出した要望書に、「伝統の尊重と愛国心の育成」を掲げました。

また、「日本の教育改革」有識者懇談会（通称「民間教育臨調」）は、２００３年に「教育基本法改正八原則」を発表し、その中には、「日本の時代を担う国民育成のため、文化・伝統の継承と愛国心の涵養を、公教育の理念の根幹として規定すべきである」ことが盛り込まれました。

難航した改正案の調整

教育改革国民会議の提言に基づいて、２００１（平成13）年12月、文部科学大臣は中央教育審議会に「新しい時代にふさわしい教育基本法の在り方について」を諮問しました。

中央教育審議会は２００３（平成15）年３月20日に答申し、この中で「日本の伝統・文化の尊重、郷土や国を愛する心と国際社会の一員としての意識の涵養」が明記されました。

答申を受けた与党の自民党と公明党は、同年５月に「与党教育基本法改正に関する協議会」

を設置して会合を重ねました。しかし、両党の主張は、特に愛国心の扱いをめぐって衝突し、調整は難航しました。

両党の調整は、２００６（平成18）年４月に「教育基本法に盛り込むべき項目と内容」をまとめるまで継続しました。その具体的な内容は必ずしも明らかではありませんが、読売新聞（２００６年４月12日）は、この間の経緯を次のように伝えています。

〝国を愛し〟を求める自民党に対し、公明党は〝戦前の軍国主義、全体主義的な教育に戻る印象を与える〟とし、〝国を大切にし〟を主張した。反対理由に「〝国〟だと〝統治機構を愛せ〟の意味にもなる」「〝愛し〟は法律になじまない」と指摘することもあった。

〝国〟も〝愛し〟も残った点は、公明党が歩み寄った。自民党は〝伝統と文化をはぐくんできた我が国〟と読めるようにして〝統治機構〟と無関係であることを明確にし、公明党に配慮した。

自民党と公明党による与党間の合意を経て、当時の小泉内閣は、２００６年４月28日に教育基本法の改正案を閣議決定し、国会に提出しました。

教育基本法における愛国心批判

その後の教育基本法改正をめぐる国会審議でも、愛国心が大きな争点となりました。愛国心を規定することに対する批判の主要なポイントは、①戦前の国家主義教育につながる危険性があること、②排他的なナショナリズムを助長する可能性がある、③内心の自由を侵す、というものでした。

このうち、①と②の批判は、これまでにも繰り返された愛国心についての批判でした。③の愛国心の規定が、内心の自由を侵すという点について、例えば、東京弁護士会は、２００６（平成18）年５月18日に次のような会長声明を発表して、教育基本法の改正案に反対しました。

> 教育の目的として「我が国と郷土を愛する態度を養う」と規定しており、学校での子どもへの指導、評価を通じて、個人の内心に踏み込み、国家にとって都合のよい愛国心を強制することが懸念される。（中略）
> 本法案は、このような教育現場での「愛国心」強制の実態を、正当化させるものであって、思想信条・良心の自由を保障する憲法に違反する。

こうした批判には、愛国心のような内心の問題を法律で定めることはなじまないという観点が前提となっています。しかし、この点の批判は論理的ではありません。なぜなら、もしこの論理を突き詰めれば、そもそも教育基本法をも否定しなければならないからです。周知のように、教育基本法の第1条には、「真理と正義を愛し」「個人の価値をたっとび」などの人間の「内心」の形成を定めています。したがって、「真理」や「正義」を愛することは内面に踏む込むことにならないが、愛国心はそうではないという論理的な説明はつきません。

また、そもそも教育基本法が規定する人間の尊厳、自由、責任、正義、勇気、公徳心、愛国心などの諸価値は、子供の心に自然に湧き上がるものではなく、教えられることによって内面的価値として形成されるものです。

つまり、教育という営みは子供の内心への働きかけなしには成立しないものであり、その働きかけを「強制」と捉え、思想・良心の自由を侵すものと批判するのは、教育を否定することにもなるのです。

教育基本法は国会で継続審議となりましたが、続く第1次安倍政権下の第165回臨時国会において同年12月15日に改正され、22日に公布・施行されました。

教育基本法への愛国心の明記

改正された教育基本法は、第1条で「教育は、人格の完成を目指し、平和で民主的な国家及び社会の形成者として必要な資質を備えた心身ともに健康な国民の育成を期して行わなければならない」という旧法の教育目的を引き継ぐとともに、教育の目標を規定した第2条を新設しました。

教育基本法第2条5は、「伝統と文化を尊重し、それらをはぐくんできた我が国と郷土を愛するとともに、他国を尊重し、国際社会の平和と発展に寄与する態度を養うこと」を規定しました。

元々、政府の教育基本法改正案では、「国を愛する心」となっていましたが、最終的には「国を愛する態度」とすることで調整が図られました。ここには、愛国心という言葉のニュアンスを和らげる意味があったと考えられます。

これについて政府・文部科学省は、この場合の心と態度は一体であると国会でも説明しました。また、当時の安倍晋三首相は、「心を養っていく中において、その心の発露としての態度」が生まれると国会で答弁しています。

もっとも、1966年に「建国記念の日」が定められた際、「建国記念の日」は「建国をしのび、国を愛する心を養う」（「国民の祝日に関する法律」）と規定されていました。したがって、教育基本法において愛国心を「国を愛する態度」と記述することに意味はないという指摘もありました（菱村幸彦『戦後教育はなぜ紛糾したのか』）。

教育基本法の改正を受けて、２００７（平成19）年6月に学校教育法が改正され、その第21条第3項では、「我が国と郷土の現状と歴史について、正しい理解に導き、伝統と文化を尊重し、それらをはぐくんできた我が国と郷土を愛する態度を養うとともに、進んで外国の文化の理解を通じて、他国を尊重し、国際社会の平和と発展に寄与する態度を養うこと」が明記されました。

これまで本書で述べてきたように、戦後日本における愛国心論議は混迷の中にありました。そのため、教育基本法の改正をめぐっても愛国心の本質的な議論は深まったとは言えません。しかし、教育基本法第2条に「我が国と郷土を愛する態度を養う」ことが規定されたことは、戦後の日本の愛国心をめぐる議論の大きな節目となったことは事実です。

なぜなら、教育基本法に愛国心が規定されたことで、改正をめぐって展開された愛国心をめぐる議論の高まりは嘘のように影を潜め、愛国心について繰り返されてきた従来のステレオタイプの批判はなくなったからです。

学習指導要領に加えられた「我が国と郷土を愛し」

改正された教育基本法の第1条と第2条の規定を受けて、学習指導要領の規定にも変更がありました。

例えば中学校の「平成20年版学習指導要領」第1章総則には、「伝統と文化を尊重し」「公共の精神を尊び」とともに、「我が国と郷土を愛し」という表現が新たに加えられました。

そして、「中学校学習指導要領解説　道徳編」には、「国を愛することは、偏狭で排他的な自国賛美ではなく、国際社会の一員としての自覚と責任をもって、国際社会に寄与しようとすることにつながっている点に留意する必要がある」とし、「国際的視野に立って、世界の平和と人類の幸福に貢献する」ことに配慮した指導が大切であると明記されています。

こうした愛国心と人類愛との関連性を重視する学習指導要領の立場は、「真の愛国心は人類愛と一致する」(「国民実践要領」)、「正しい愛国心は人類愛に通ずる」(「期待される人間像」)という理解を引き継いだものと言えます。

同時にそれは、「国家は個人の人格や幸福を軽んずべきではなく、個人は国家を愛する心を失ってはならない」(国民実践要領)、「個人の幸福も安全も国家によるところがきわめて大きい。世界人類の発展に寄与する道も国家を通じて開かれているのが普通である」(「期待される人間像」)という国家観を継承したものでした。

正確に言えば、こうした学習指導要領で示された愛国心の捉え方は、「国民実践要領」「期待される人間像」以前から提起されたものでした。「愛国心（パトリオティズム）は、国家主義を超えて人類社会への愛国主義にならなければならない」、「人類愛や国際協調に繋がるような普遍的な愛国心であれば肯定できる」などは、戦後の早い段階から主張され、「新しい愛国心」論の中でも展開された視点でした。

そしてこの立場は、これまでも本書で紹介した愛国心についての二つの考え方のうち、国家を自らの存在の外側に置くことではなく、自分の生き方の問題として国家と向き合い、国家を自らに内在化させて考えるという立場に立つものであったと言えます。

道徳の教科化の意義

2015（平成27）年3月27日、「学校教育法施行規則の一部を改正する省令及び学習指導要領の一部改正」が告示され、学校教育法施行規則の中の「道徳」は「特別の教科である道徳」（以下、道徳科と略）と改められました。

これによって、道徳の教科化が正式に決定し、小学校は2018（平成30）年度、中学校では2019（平成31）年度から道徳科が完全実施され、検定教科書を使用した授業が行われています。

道徳を教科にしようとする動きは、戦後日本の中でこれまでもありました。1951（昭和26）年の天野貞祐による「修身科」復活論議を最初として、2000（平成12）年の教育改革国民会議も具体的な提言をしています。また、1958（昭和33）年の「道徳の時間」の設置も、元々は教科にする計画でした。

道徳の教科化が実現する直接の契機となったのは、2013（平成25）年1月に、第2次安倍内閣のもとに設置された教育再生実行会議が、2月26日に発表した「いじめ問題等への対応について（第一次提言）」です。ここでは、次のように道徳の教科化が提言されました。

現在行われている道徳教育は、指導内容や指導方法に関し、学校や教員によって充実度に差があり、所期の目的が十分に果たされていない状況にあります。

このため、道徳教育の重要性を改めて認識し、その抜本的な充実を図るとともに、新たな枠組みによって教科化し、人間の強さ・弱さを見つめながら、理性によって自らをコントロールし、より良く生きるための基盤となる力を育てることが求められます。（中略）

○　道徳の教材を抜本的に充実するとともに、道徳の特性を踏まえた新たな枠組みにより教科化し、指導内容を充実し、効果的な指導方法を明確化する。その際、現行の道徳教育の成果や課題を検証するとともに、諸外国における取組も参考にして、丁寧に議論を重ねていくことを期待する。

教育再生実行会議の「第一次提言」を受けて、同年3月に文部科学省に設置された「道徳教育の充実に関する懇談会」は、12月に「今後の道徳教育の改善・充実方策について（報告）――新しい時代を、人としてより良く生きる力を育てるために」（以下、「報告」と略）をまとめました。

「報告」は、道徳の教科化を提言するとともに、現在の学校では、道徳教育の理念の共有や教師の指導力など多くの面で課題が存在している現状にあり、本来の道徳教育の「期待される姿には遠い状況にある」と述べました。そして、その背景には、社会の中に道徳教育に対する「道徳教育アレルギー」があると指摘しました。

具体的には、「道徳教育の目指す理念が関係者に共有されていない」、「教員の指導力が十分でなく、道徳の時間に何を学んだかが印象に残るものになっていない」、「他教科に比べて軽んじられ、実際には他の教科に振り替えられていることもある」などの現状を指摘し、こうした道徳教育の現状を改善するためには、教科化による制度的な変革が必要であると結論付けました。

道徳科の設置は、道徳授業の「形骸化」を克服するという制度的な意味と同時に、道徳教育を政治的なイデオロギー対立から解き放ち、「道徳教育アレルギー」の払拭を目指したことにありました。本書で繰り返し述べたように、戦後日本において道徳教育は政治的なイデオロギー対立の争点であり続けてきました。そのため、道徳教育の内容や方法をめぐる議論は基本的に成立せず、道徳教育は「賛成か、反対か」の二項対立図式の中に解消されて論じられることが常態化してきました。

道徳の教科化は、道徳教育を政治問題から解放し、教育論として論じるための基盤を形成するために必要な制度的な措置であったとも言えます。道徳が教科となって10年になりますが、道徳教育をめぐる議論では、全体的に従来のような政治的なイデオロギー一辺倒の「賛成か、反対か」の議論は確実になくなり、教科書、指導法、評価へと関心が向けられたことが教科化の成果であったと言えます。

「国を愛し」の意味

２０１７年に告示された「平成29年版学習指導要領」第1章総則では、学校における道徳教育の目標について、「道徳教育は教育基本法及び学校教育法に定められた教育の根本精神に基づき、人間としての生き方を考え、主体的な判断の下に行動し、自立した人間として他者と共によりよく生きるための基盤となる道徳性を養うこと」とした上で、次のように規定されました。

道徳教育を進めるに当たっては、人間尊重の精神と生命に対する畏敬の念を家庭、学校、その他社会における具体的な生活の中に生かし、豊かな心をもち、伝統と文化を尊重し、それらを育んできた我が国と郷土を愛し、個性豊かな文化の創造を図るとともに、平和で民主的な国家及び社会の形成者として、公共の精神を尊び、社会及び国家の発展に努め、他国を尊重し、国際社会の平和と発展や環境の保全に貢献し未来を拓く主体性のある日本人の育成に資することとなるよう特に留意すること。

また、学習指導要領（中学校）では、「国や郷土を愛す態度」（郷土愛、愛国心）、「国際理解・国際貢献」（人類愛）に関する内容は、それぞれ次のように明記されました。

・郷土の伝統と文化を大切にし、社会に尽くした先人や高齢者に尊敬の念を深め、地域社会の一員としての自覚をもって郷土を愛し、進んで郷土の発展に努めること。
・優れた伝統の継承と新しい文化の創造に貢献するとともに、日本人としての自覚をもって国を愛し、国家及び社会の形成者として、その発展に努めること。
・世界の中の日本人としての自覚をもち、他国を尊重し、国際的視野に立って、世界の平和と人類の発展に寄与すること。

ただし、ここで示された内容は新しく加えられたものではありません。基本的には従来の学習指導要領の内容を継承したものでした。

ところで、道徳科設置をめぐる議論として世論が最も注目したのが愛国心でした。しかし、国会審議では、「特別の教科　道徳」の評価に関する質疑が若干行われましたが、特に大きな議論にはなっていません。

わずかに、2016（平成28）年10月4日に野党から「一概に愛国心教育を否定するものではないが、子どもたち一人ひとりの、いわゆる愛国心や道徳心に成績をつけるとなれば、それは適切なのか」、「国を愛する態度」での「国」には「統治機構は含まれるのか」と質問主意書を提出したのが注目される程度のものでした。

言うまでもなく、ここには教育基本法の改正によって、愛国心が目標として明記されたことが大きな意味を持っていました。教育基本法に明記された以上、愛国心それ自体に反対することはできなかったからです。

実際に文部科学省は審議の過程で、教育基本法や学習指導要領の趣旨に基づいて、「優れた伝統の継承と新しい文化の創造に貢献するとともに、日本人としての自覚をもって国を愛し、国家及び社会の形成者として、その発展に努めること」などを規定しており、現行の小学校学習指導要領及び中学校学習指導要領においても、同様の趣旨を盛り込んでいるという回答を繰り返しています。

また、「ここにいう『国』については、小学校学習指導要領及び中学校学習指導要領の解説において、政府や内閣などの統治機構を意味するものではなく、歴史的に形成されてきた国民、国土、伝統、文化などからなる歴史的・文化的な共同体としての国を意味するものである旨記述している」と説明しています。

愛国心の対象となる「国」が、政府などの統治機構を指すのかどうかは、教育基本法改正論議でも指摘されていました。

正確に言えば、この点は戦後日本の愛国心論議の中でも繰り返し指摘されていたものでした。これまで学習指導要領等でも、この点に関する明確な言及はされていませんでしたが、「平成29年版学習指導要領」の解説では、次のように明記されました。

「国を愛し」とは、歴史的・文化的な共同体としての我が国を愛し、国家及び社会の形成者として、その発展を願い、それに寄与しようとすることであり、そのような態度は心と一体として養われるものであるという趣旨である。我が国の伝統と文化に対する関心や理解を深め、それを尊重し、継承・発展させる態度を育成するとともに、それらを育んできた我が国への親しみや愛着の情を深め、そこにしっかりと根を下ろし、他国と日本との関わりについて考え、日本人としての自覚をもって、新しい文化の創造と社会の発展に貢献し得る能力や態度が養われる必要がある。国家の発展に努めることは、国民全体の幸福と国としてのよりよい在り方を願ってその増進に向けて努力することにほかならない。

なお、内容項目に規定している「国」や「国家」とは、政府や内閣などの統治機構を意味するものではなく、歴史的に形成されてきた国民、国土、伝統、文化などからなる、歴史的・文化的な共同体としての国を意味しているものである。

こうした内容は「国民実践要領」や「期待される人間像」で示された愛国心の理解が基盤になっています。中でも、国を「歴史的・文化的な共同体」と捉え、「その発展を願い、それに寄与しようとする」ことが愛国心であるとする理解は、真の愛国心が「自国の価値をいっそう高めようとする心がけであり、その努力である」（「期待される人間像」）という理解と重なります。

道徳科の授業で用いられる愛国心教材の中身

道徳科の設置に際して、２０１４（平成26）年10月の中央教育審議会答申「道徳に係る教育課程の改善について」は、これからの時代を生きる児童生徒には、さまざまな価値観や言語、文化を背景とする人々と相互に尊重し合いながら生きていくことがこれまで以上に求められる、その際に必要となるのは、将来の社会を構成する主体となる児童生徒が高い倫理観を持ちながら、「人としての生き方や社会の在り方について、多様な価値観の存在を認識しつつ、自ら感じ、考え、他者と対話し協働しながら、よりよい方向を目指す資質・能力を備えること」が重要である、と述べました。

特に道徳教育については、「特定の価値観を押し付けたり、主体性をもたず言われるままに行動するよう指導したりすることは、道徳教育が目指す方向の対極にある」と指摘しながら、「多様な価値観の、時に対立がある場合を含めて、誠実にそれらの価値に向き合い、道徳としての問題を考え続ける姿勢こそ道徳教育で養うべき基本的資質である」としています。

こうした資質・能力を育成するためには、一人ひとりの児童生徒に自分ならどのように行動・実践するかを考えさせ、自分とは異なる意見と向かい合い議論する中で、道徳的価値について多面的・多角的に学び、実践へと結び付ける指導が必要となります。

道徳科の設置は、答えが一つではない課題に対して児童生徒が道徳的に向き合う「考え、議論する道徳」へと転換することを求めるものでした。そのため道徳科は、従来のように読み物（副読本等）の登場人物の心情を読み取ることのみに重点が置かれた授業や、児童生徒に分かりきったことを言わせたり書かせたりする授業から脱却することが期待されています。

以上のことを踏まえ、例えば中学校の学習指導要領では道徳科の目標は次のように明記されています。

道徳教育の目標に基づき、よりよく生きるための基盤となる道徳性を養うため、道徳的諸価値についての理解を基に、自己を見つめ、物事を広い視野から多面的・多角的に考え、人間としての生き方についての考えを深める学習を通して、道徳的な判断力、心情、実践意欲と態度を育てる。

では、「考え、議論する道徳」をスローガンとして掲げた新しい道徳の授業では、どのような愛国心教材が使われているのでしょうか。これまでと変化があったのでしょうか。以下では、文部科学省が作成した現在の道徳教科書の一つの「モデル」となった『私たちの道徳』の小学校5・6年生のものを紹介しておきましょう。

まず、愛国心については以下のように記述されています。

○郷土や国を愛する心を

この国を背負って立つのは私たち。私たちの住むふるさとには、伝統や文化が脈々と受けつがれている。それらを守り育てる使命が私たちにはある。

そのための力を今、私たちは養っているだろうか。

科学技術の発達、国際化、情報化、そして少子化や高齢化など、わが国の社会は急激な変化の中にある。

わが国の伝統と文化を尊重し、それらを育んできた郷土やわが国を愛する態度を養いながら、未来を切りひらく力を身に付けていこう。

○伝統の中にある「創造」の力

受けつがれている日本の伝統や文化に心動かされるとき、私たちはそれらをつくり、受けついできた昔の人々や地域の人々と心で対話をしている。

受けつがれているわが国の伝統や文化に学びながら、未来へ向けて豊かな心を育んでいきたい。そしてそれらを受けつぎ、さらに発展させていくための力を身に付けていきたい。

こうした記述の後に「国家・社会の一員として」と題して掲載されたのが次の教材です。

○米百俵

明治維新の戦いで、幕府方に加わった長岡藩（今の新潟県長岡市を中心とする地域）は、官軍と戦って敗れました。藩のろく高は、減らされ、藩士たちは、売りはらうものもつきると、ついにその日の食べ物にも困るほどになりました。

明治三（一八七〇）年の春のことです。長岡藩と親類付き合いをしていた三根山藩（今の新潟県新潟市の一部の地域）から、長岡藩に、米百俵が送られてきました。藩士たちは、おどり上がって喜び、その米が分配されるのを今か今かと待ちわびました。

ところが、藩の大参事、小林虎三郎が、この米をみんなに分配せずにお金にかえて、そのお金で学校を建てると言い始めたのです。これを聞いた藩士たちは、死ぬか生きるかのこのときに、学校なんか建てて何になるのかといきどおり、連れ立って、虎三郎の家へおしかけました。

なぜ、その米を分けないのかとつめ寄る藩士たちを前にして、虎三郎は言いました。

「わが藩の人数は、家族をふくめると、八千五百人に上る。これだけの人数に百俵の米を分けても、せいぜい二日分にしかならない。今、おたがいに考えなければならないことは、この長岡藩を立ち直らせるには、どうすればよいかということだ。私たちがこんなに苦しいのは、戦いに敗れたからだと君たちは思っているかもしれないが、本当の原因はもっと深いところにある。それは、わが藩に人物がとぼしかったということだ。ものの分かる人物がもっといたら、こんなひどい目にあわずに済んだのだ。この長岡藩が栄えるのもおとろえるのも、この日本をおこすのもほろぼすのも、ことごとく人にある。一日も早く、人物を養成することに力を注がねばならない。だから、わしは、何をおいても学校を建てて、人物を養成しようと思うのだ。」

「大参事のお考えはもっともですが、うえ死にしては元も子もない。藩士たちや家族がどんなに困っているのかお分かりでない。」

「分かっている。わしも困っている一人だ。しかし、学校を建て、人物を養成すれば、百俵の米は、やがて一万俵になるか、百万俵になるか計り知れないのだ。」

その真剣な表情から、ゆるぎない固い決意を感じた藩士たちは、虎三郎の言葉をついに受け入れました。

「大参事が、それほどまでに考えておるとも知らず、無礼を働きましたこと、申し訳ありません。」

「わしの考えが分かってもらえるならこんなうれしいことはない。おたがい歯を食いしばって生きぬいて、この長岡をよみがえらせようではないか、立派な日本を打ち立てようではないか。」

まもなく長岡の町に、学校が建てられました。また、このことがきっかけとなって、長岡は教育のさかんな町となりました。そして、この町からは、すぐれた人材が数多く世の中に送り出されたのです。

ご存じの方も多いと思いますが、「米百俵」は小林虎三郎を扱った有名な話です。たしかに良い話だと思います。しかし、これは愛国心の資料として適切でしょうか。愛国心が対象とするのは近代国家のはずです。言うまでもなく、「米百俵」の時代は幕末で近代国家成立以前のものです。それが近代の学校教育につながることはわかりますが、この資料の内容は愛国心というよりむしろ郷土愛というべき内容です。これを愛国心の教材と考えることは基本的に無理があります。

先に述べたように、この教材が掲載された『私たちの道徳』は現在の道徳教科書の「モデル」になるものでした。したがって、現在の道徳教科書も従来と変わらず愛国心については消極的なままで大きな変化はありません。

「パトリオティズム」の強調の一方で消極的な「ナショナリズム」

では、道徳教科書での愛国心教材はどうして愛国心について消極的なままなのでしょうか。この点を説明するために少しだけ専門的なお話をします。

すでに述べたように、現在、道徳は教科になっています。教科ですから教科書があります。教科書として認められるためには、文部科学省が実施する教科書検定に合格する必要があります。そして、この教科書検定の基準となるのが学習指導要領です。したがって、学習指導要領において愛国心がどのように規定されているかが問題となります。

例えば、小学校では次のようになっています。

○我が国や郷土の文化と生活に親しみ、愛着をもつこと。（低学年）
○我が国や郷土の伝統と文化を大切にし、国や郷土を愛する心をもつこと。（中学年）
○我が国の郷土の伝統と文化を大切にし、先人の努力を知り、国や郷土を愛する心をもつこと。（高学年）

また、中学校では、郷土愛と愛国心が別々となり、次のように規定されています。

○郷土の伝統と文化を大切にし、社会に尽くした先人や高齢者に尊敬の念を深め、地域社会の一員としての自覚をもって郷土を愛し、進んで郷土の発展に努めること。
○優れた伝統の継承と新しい文化の創造に貢献するとともに、日本人としての自覚をもって国を愛し、国家及び社会の形成者として、その発展に努めること。

ここで気づくことは、小学校では郷土愛と愛国心がセットになっていることです。**第2章**で触れましたが、日本では、「パトリオティズム」も「ナショナリズム」も「愛国心」と訳されます。そのため、本来、両者は違う概念ですが、日本では郷土愛（愛郷心）と愛国心の区別が十分に意識されずに使用されています。それは、個人→地域→愛国心という同心円に価値を考えることにつながっています。

また、中学校では郷土愛（愛郷心）と愛国心が別々に記述されていることは確かですが、両者ともに伝統と文化との関わりのなかで記述されています。このことは、小学校でも同様です。

つまり、教科書検定では、「伝統と文化を大切にし」、「優れた伝統の継承と新しい文化の創造」を踏まえた教材であれば教科書検定に合格することができるわけです。逆に言えば、日本の伝統と文化を郷土愛と愛国心に結びつける必要があるということになります。そのため、例えば、中学校での「日本人としての自覚をもって国を愛し、国家及び社会の形成者として、その発展に努めること」という「ナショナリズム」の内容が「弱くてもよい」ということにもなるわけです。

もちろん私は、愛国心を考える際に日本の文化や伝統に触れる必要がないと言っているわけではありません。文化や伝統は「日本人のアイデンティティー」を考えるためにも大切なものであることは言うまでもありません。

しかし、日本の文化や伝統的な題材を取り上げれば、あたかもそれによって愛国心が育成される、愛国心に自然に結びつくと考えるのは、あまりに短絡的です。「日本にはこんな文化があった」「日本には素晴らしい伝統芸能がある」と知ることと、「国家及び社会の形成者として、その発展に努めること」との間にはかなりの距離があるからです。

端的に言えば、道徳科での愛国心は、「パトリオティズム」の側面が強調される一方で、「ナショナリズム」の側面が弱いと言えます。

道徳において愛国心教材が消極的な背景には、戦後日本において左右に分かれた愛国心論議の歴史があったことは言うまでもありません。教育基本法が改正され、愛国心が明記されても、教材の内容にほとんど変化がないことは重大な問題です。

１９５８（昭和33）年に設置された「道徳の時間」で使用された資料は教科書ではなかったので検定がありませんでしたが、戦争に関する教材や軍人が取り上げられることはありませんでした。ましてや、本書の**第1章**で紹介した戦没学徒の遺書が取り上げられることも「タブー」のままです。戦争に関わった人々にとって、特に愛国心は切実な問題であったにもかかわらずです。愛国心に関する教材・資料は、そこから一歩も進んでいません。

国内の状況が混迷する中で、戦後も80年が経過します。さすがにこのままで良いはずはありません。まずは、「日本人としての自覚をもって国を愛し、国家及び社会の形成者として、その発展に努めること」という学習指導要領の趣旨を踏まえた愛国心論の検討が必要です。なぜなら、しっかりとした愛国心を教えられないということは、これからの多様で複雑な時代を生きていく子供たちにとって何より不幸であるからです。

第8章 愛国者として生きるために必要なこと

第1節 グローバリズム時代の愛国心とは

グローバリズム時代に揺らぐ国家

世界には190か国以上の国々が存在しています。言うまでもなく、国や地域によって文化や資源、所有している技術も異なります。

1990年代以降、地域や国家がそれぞれの範囲を超え、世界規模でお互いに影響を与え合うグローバルな社会形態が加速し、経済や政治だけではなく、文化・情報・芸術・言語など、さまざまなシステムにおいて国境を越えたやり取りが行われています。モノ・お金・情報が国境を越えて交流することが普通となり、こうした状況はさらに加速することは間違いありません。これからの子供たちはこうした時代を生きていくことになります。

グローバル社会では、経済的なメリットも考えられる一方、伝統的な文化や価値観が損なわれる可能性も危惧されます。また、他国の国籍を取得する人や難民、移民として国籍が変わらないまま他国で暮らす人々は世界的な規模で増加しています。

厚生労働省の発表では、２０２４（令和６）年10月末時点での外国人労働者数は前年より12・４％増加しており、約２３０万３０００人となっています。また、政府は２０３３年までに外国人留学生の受け入れ数を40万人にするという目標を掲げています。

彼らは単なる労働者でも学生でもなく、日本で暮らす「生活者」です。各国の価値観や文化が持ち込まれることで、地域的なアイデンティティーとの摩擦や葛藤は避けられません。言葉や宗教、文化や習慣が違う人々の「共生」は決して簡単ではないということです。

こうした中で注目されているのが、国民であるか否かを問題とせず、コミュニティで生活する人の多様性を尊重し、安心・安全な暮らしを守るという「グローバル・シチズンシップ」という考え方です。「グローバル・シチズンシップ」は、２０１５（平成27）年に国連サミットで採択された「持続可能な開発目標（ＳＤＧｓ）」においても提起されたものです。

しかし、**第1章**でも触れたように、グローバル社会が広がり、国内外の政治的・経済的状況が流動し、「国家の揺らぎ」があるとしても、国民国家が消滅するとは考えられません。逆に、国境がボーダレスになればなるほど、自分の軸となるアイデンティティーを模索することになり、国家の意味が高まっているようにも思えます。

それは、ヨーロッパの移民をめぐる混乱やイギリスのEU離脱、アメリカのトランプ政権による経済・外交政策を見れば明らかです。世界各国はグローバル化を見直す段階に入り、「国家の揺らぎ」の段階から国家の再構築の段階へと進んでいるとも言えます。

そう考えると、実はグローバルな視点というものは存在せず、私たちが認識できるのは、国境で仕切られた世界だけなのではないでしょうか。したがって、いくらグローバル化が進んでも、愛国心の意味が消滅するわけではなく、むしろグローバル化が進めば進む程、愛国心の意味が問い直されることになるのです。

移民問題が突き付ける課題

東京のベッドタウンである埼玉県の川口市の人口は約60万人です。そのうち、外国人住民は約4万3000人であり、人口の7・2％を占めています（2024年1月現在）。全国平均は2・7％ですから高い比率です。川口市の外国人住民のうち約2000人がトルコ国籍者であり、その大半がクルド人と言われています。

近年、川口市で問題になっているのが、彼らクルド人の一部を含む、外国人による犯罪・迷惑行為ですが、警察もなかなか取り締まれず、住民は苦しんでいます。川口市在住のある女性は、「差別やヘイトは絶対ダメ！　でも犯罪や迷惑行為に苦しんでいる市民の声や人権は無視ですか？」という画像をSNSで拡散し、この問題が広く知られるようになりました。

川口市内では、住民密集地での過積載トラックや改造車の暴走行為が問題化。女性の自宅近くには、彼らが従事する解体業の資材置き場があるといい、「中学生くらいの外国人が携帯をいじりながらトラックを運転していたり、改造車が昼間から走り回ったりすることもある。タイヤを急回転させて白煙が上がるのも何度か目撃した」という。

女性は「暴走行為や迷惑行為などで怖い思いをしても、テレビや新聞ではほとんど報道されない。地域住民は存在しないかのように扱われていると感じていた。その思いを画像に込めました」。

（産経新聞取材班『国会議員に読ませたい「移民」と日本人』）

日本では法的には「移民」はいないことになっています。しかし、実際には「移民」と言わないだけで「定住外国人労働者」を受け入れています。クルド人の多くは祖国での差別や迫害などを理由として来日し、難民申請していますが、実際に難民認定された人はほとんどいません。しかし、彼らの中には「不法滞在」の状態のまま、就労している人たちが少なくないようです。

少子高齢化が進む中で労働者として外国人移住者が増えることが予想され、「移民」問題はますます増えるでしょう。事実、諸外国では労働力を移民に奪われることを危惧した移民政策の見直しが行われ、アメリカではトランプ政権の移民排除の措置が進んでいます。そして、移民問題は愛国心問題と結び付けて論じられる傾向もあります。

私たち日本人にとっても、今後、「移民」や外国人に対する向き合い方や私たち自身の対応のあり方が問われることになることは避けられません。しかもそれは、愛国心の問題とは無関係ではありません。

愛国心と人類愛は調和できるか

本書でも述べてきたように、戦後日本の教育が理念としてきたのは、「国民実践要領」や「期待される人間像」が基盤となった「真の愛国心は人類愛と一致する」という理念です。

私はこの理念が間違いではなく、その理念を追求することは大事だと思います。

しかし、愛国心と人類愛の方向性は相反する場合もあるかもしれませんし、人類愛が実現すれば愛国心は必要なくなるという解釈も可能です。つまり、愛国心と人類愛、文化的伝統とグローバル社会の規範や価値をどのように調和させていくかを考えることが、これからの重要な課題となるはずです。

その点では、グローバル化という状況は、今後の愛国心を考える上で大きな転機になると思います。日本の社会は同質性が高い国家のため、ともすれば愛国心を殊更に考えなくてもよい状況にあったと言えます。しかし、ここに異質な文化や習慣を持ち、価値観も違う外国人と接する機会が増えたことで、自ずから自身のアイデンティティーの問題を直視しなければならなくなったからです。

これは日本以外の「もうひとつの視点」を持つということです。「もうひとつの視点」を持つことで、はじめて私たちは自分の国や自身のアイデンティティーを考えることができ、愛国心に関する思考を鍛えることができると思います。そこでは愛国心と人類愛の葛藤も予想されますが、その試行錯誤と模索を繰り返すことが、グローバル社会の中で愛国心を考えるということに違いありません。

第2節　私たちは愛国者として何をすべきか

「日本人として生まれた」という事実

本書も終わりが近づいてきました。最後に、私たちが国を愛することの心構え、覚悟についてお話しししたいと思います。

覚悟というと大げさに聞こえるかもしれません。しかし、戦後日本の歴史を振り返ってお分かりのように、愛国心という言葉さえ「自然なこと」「あたりまえのこと」として捉えてこなかった状況の中では、愛国心を論じることにはある種の覚悟が必要だったと言えます。

結論から言えば、私たちは、「日本人として生まれた」という事実を宿命として受け入れるしかありません。イギリスの政治思想家ホッブスが示した、あらゆる属性から解放された「自然状態」として生きることは本来的に不可能であり、すべてを自分個人の自由な決定に委ねることもできません。

なぜなら私たちは、この世に生を享《う》けた時からある特定の具体的で社会的な関係性の中にあり、そこに付随するさまざまな役割が命じる義務や振る舞い方に適応しながら生きていかなければならないからです。

そのためには、国家が我々の外にあると捉えるのではなく、日本人として生を享け、住んでいる日本という国家を私たち自身の中に内在するものとして捉えなければならないことになります。

このことは、本書で取り上げた「国民実践要領」や「期待される人間像」が言及したように、国家と個人の関係を歴史的・文化的な「運命共同体」と捉える国家観につながります。こうした国家観を前提として、「真の愛国心とは、自国の価値をいっそう高めようとする心がけであり、その努力である」（「期待される人間像」）という愛国心の定義が成立することも改めて言う必要はないでしょう。

ただし、このことは、愛国心が単純に歴史的な文化・伝統において規定された所与のものを受け入れなければならないということではありません。なぜなら、日本の価値をいっそう高めようとする「心がけ」を持ち、その「努力」をしなければならないのは、私たち自身だからです。

そもそも、日本の価値を高めようとするためには、私たち一人ひとりが価値のある立派な人間となる「努力」をする必要があるはずです。私たち一人ひとりの「努力」の総和が「日本人のアイデンティティー」として醸成されるのだと思います。

ところが、集団性・同質性が強く、「空気」に支配されがちな日本人には、愛国心を自分の問題として主体的に考えるということが実感しにくいのかもしれません。ここに、愛国心を強いられた歴史の記憶が加われればなおさらです。

愛国心は一人ひとりの決断

この点で、先述した鈴木邦男の指摘は重要に思えます。鈴木の言葉は、**第2章**の最初にも取り上げましたが、別の箇所を紹介しましょう。

映画監督の森達也さんは、以前、雑誌で僕と対談したとき、こんなことを言っていた。「主語が複数になると述語が暴走する」。（中略）

主語が「私」だと、みな謙虚に話をするし、自己批判もする。ところが、主語が「我々」になると、自分のことを客観的に見ることができなくなる。「我々」という主語を使うときは、右翼や左翼、宗教、市民運動などの共通項をもっている。たまたま、その場や時間を共有しているだけでは、「我々」とは言わない。（中略）

僕がやってきた「愛国運動」も、まさにそうだった。「僕」が主語なら「まだ、その点がわかりません」などと言える。しかし、「我々」と言ったら、迷ってはいけない。「断固〇〇すべきだ！」「〇〇を阻止しろ！」となる。「我々」としてまとまり、「一つの意思」のもとに運動することになるのだ。もちろん、集団での運動は大切だし、すばらしいと思う。しかし、こうした危険性が常にひそんでいることは、自覚しておくべきなのだろう。
（鈴木邦男『〈愛国心〉に気をつけろ！』）

日本を愛するということは単純ではありません。無条件に強いられるものではありません。また、単に文化や伝統を「無条件」に受け入れることが愛国心ではありません。国家が常に正しいわけでもありません。間違いも失敗も犯しました。

しかし、それらの負の歴史も認め、反省し、それを背負いながら日本の価値を高めていく努力をすることが、愛国心なのだと思います。

他の人がどのように考え、行動しようとも、自分一人だけでも集団としての全体の利益（幸せ）に貢献し、犠牲となる覚悟を持つことが愛国心なのだと思います。

本書でたびたび引用した政治学者の将基面貴巳は次のように述べています。

他人はともかく自分が「自分は愛国的であるべきだ」と信じるのなら、それはそれだけでいいのです。

ただし、そのときには「なぜ愛国的であるべきだと思うのか」を、きちんと他人に説明できることが必要となります。自分が愛国的なのは盲目的に日本を溺愛しているからではなく、日本はこういう意味で忠誠心に値する国だ、という道徳的判断の根拠をよその国の人々にも堂々と主張できなければなりません。

「日本人だから日本を愛するのは当然だ」は、道徳的根拠になりません。それは他の〈日本人〉たちに寄りかかった発想です。（中略）

国を愛するということは、他人がどうするかはともかくとして、あなたが一個人として、その国を愛したり、その国に忠誠を誓ったり、その国のために死ぬことを意味します。それは一人ひとりの決断であって、みんなで一緒にやるようなことではありません。

（将基面貴巳『日本国民のための愛国の教科書』）

かつて、イギリスの首相で「鉄の女」と言われたマーガレット・サッチャーは、「平和、自由、正義は、人々がそれを守る覚悟があるところにのみ存在する」と述べました。これは愛国心でも同じです。一人ひとりがこの国も良くしようとする覚悟を持たなければ、この国の未来はないはずです。

未来の戦死にどのように向き合うか

これからの時代にあって、私たちは愛国心にどのように向き合えばよいでしょうか。ここで考えたいことは、やはり戦争のことです。結局、愛国心は戦争なのか、やはり愛国心は危険だ、と思われた人もいるかもしれません。だが、ちょっと待ってほしいのです。

これまで愛国心が戦争と結び付けて論じられたことは間違いありません。ただしそれば、愛国心を「戦争イデオロギー」として論じることではなく、戦争こそが国家と個人との関係を考えるにあたってリアルで激しい緊張を伴う課題でもあるからです。戦争こそが究極的に国家への忠誠と愛国心が問われる事態でもあるからです。

もちろん、ここで考えるのは、「戦争イデオロギー」のことではありません。これまで述べたように、戦後日本は国家と正面から向き合わず、戦争を語らず、戦争から目を背けることが平和をもたらすことになるかのような空気がありました。

しかし、このことが間違いであることをこの本でも述べてきました。国家について考えない、戦争について語らないことの方がむしろ危険です。

戦争は悲劇です。だからこそ私たちは、戦争が起こり得ることがあるという前提に立って、どうしたら戦争にならないようにすることができるのかを考える必要があります。

このことを考える視点として教育社会学者の井上義和が説く「未来の戦死に向き合う」と

いうことは重要だと思います。井上はその意味を次のように述べます。

戦死を想定外（ありえない・あってはならない）に押しやって、事後的に慌てて対処するのではなく、戦死を想定内（ありうべきこと）に織り込んで、命と引き換えにしてでもやら（せ）なければならないことは何なのかを、事前に考えておくこと。（中略）戦死が正しいとか望ましいとか、そんなことを言いたいのではないのです。むしろ逆に、命を賭け（させ）る任務を与えておきながら、戦死を想定外に押しやる思考のほうが、よっぽど危険で無責任だと思います。

（井上義和『未来の戦死に向き合うためのノート』）

その際、井上が注目したのが、文芸評論家の加藤典洋が2010（平成22）年に刊行した『さようなら、ゴジラたち――戦後から遠く離れて』などのゴジラ論です。映画『ゴジラ』は1954（昭和29）年11月の第1作が公開されてから今日まで多くの作品が公開されています。それは日本だけに限らずアメリカでも製作されました。

よく言われるように、ゴジラが構想されたきっかけは、1954年3月にアメリカが南太平洋のビキニ環礁で行った水爆実験でした。しかし、加藤は反核・反戦の意識だけなら、多くの作品が作られることも、またゴジラがなぜ日本にだけ上陸するのかも説明できないと考えます。井上は、この加藤のゴジラ論の構成を次のように整理しました。

①　戦死者は本来、祖国のために死んだ尊い犠牲者であったが、戦後は一転して、間違った侵略戦争の先兵とみなされた。

②　この両義性ゆえに、あるいは戦前の価値に殉じた同胞を裏切ったという負い目ゆえに、戦後社会は、戦死者に正面から向き合うことができない。

③　その結果、本来身内であるはずの戦死者は「行き場のないもの」として宙吊りにされ、「不気味なもの」となって再来する。これがゴジラである。

④　ゴジラが一九五四年から五〇年間にわたり二八回も繰り返し日本に再来したのは、他の怪獣と戦わせたりキャラクター化したりして、それがもつ「不気味さ」を無害化して、戦後社会に馴致《じゅんち》させるためであった。

（井上義和『未来の戦死に向き合うためのノート』）

加藤は、ゴジラを戦後日本が戦死者に向き合ってこなかったために何度でもやってくると言います。だからこそ、ゴジラはアメリカでも他の外国でもなく日本を攻撃するのです。ちなみに、この段階でゴジラの作品は28作が作られたとされていましたが、その後、『シン・ゴジラ』（2016年公開）、『ゴジラ－《マイナス》1・0』（2023年公開）とゴジラの「再来」は続いています。そして井上は、加藤の次の言葉を引用して紹介しています。

もし戦後の日本社会が、戦争の死者たちと正面から向かい合い、自分たちと戦争の死者たちの間に横たわる切断面、ねじれを伝って、相手に繋がる、困難な関係性構築の企てに成功していたなら、ゴジラは、その根底において、もはや日本に何度もやってこなくともよい意味記号に変わったはずである。

（加藤典洋『さようなら、ゴジラたち』）

加藤の指摘は、本書の**第1章**で触れた「死者」の問題とも重なります。井上にとって、何度もやってくるゴジラとは「未来の戦死者」のこととして理解されますが、ここではこれ以上は触れません。本書ではこのゴジラを広く戦争と捉えたいと思います。もちろんそれは、井上のいう「未来の戦死者」を含む現代の私たちに突き付けられた課題です。

戦争否定者の「徴兵拒否」という空論

私たちが考えなければならないことはまだあります。それは、そもそも私たちは戦争を回避するために国民として何をしなければいけないかという問題です。これは愛国心の問題とも密接に関わります。

ここでもう一度、吉田満に注目しておきたいと思います。戦中派の「生き残り」であった吉田は、この問題を自分の体験と照らし合わせて切実に考えた一人だからです。

このことは、戦争責任の問題と密接に関わります。なぜなら、戦後日本の風潮の中では、戦争に参加した戦中派の人々にも戦争責任があるものとして批判されたからです。その矛先は、戦争で命を落とした人にも、また「生き残り」にも容赦なく向けられました。戦後日本では、戦争こそが憎悪の対象であり、戦争に関するものを観念的に否定し、「封印」することが、平和を築くための条件であるように捉えられたからです。

吉田に対する具体的な批判は、1952（昭和27）年に発表された『戦艦大和の最期』に対して行われました。「戦争肯定の文学」「軍国精神鼓吹《こすい》の小説」という非難です。

これに対して吉田は、同書の「あとがき」で次のように反論しました。

戦争肯定と非難する人は、それでは我々はどのように振舞うべきであったのかを、教えていただきたい。我々は一人残らず、召集を忌避して、死刑に処せられるべきだったのか。

或いは、極めて怠惰な、無為な兵士となり、自分の責任を放擲すべきであったのか。――戦争を否定するということは、現実に、どのような行為を意味するのかを教えていただきたい。単なる戦争憎悪は無力であり、むしろ当然過ぎて無意味である。

こうした批判の意味について、吉田は冷静に分析をしました。『戦艦大和の最期』が戦争を肯定し、軍国主義を鼓吹するものであるという批判は、「実に心外」であり、批判の重点が戦争協力行為に向けられたことに納得できなかったからです。

具体的にそれは、「平凡な一国民が消極的ながら戦争に協力せざるをえなかったという事実に対して、その一兵士にどのような責任が課せられるべきか」（「一兵士の責任」）という点にありました。吉田には、「私の行動は、べつに特異なものではなく、当時の五体健全な日本人の男として、ごくありふれたものだったのではないか。また不幸にして血みどろの戦闘にまきこまれた人間が、自分の生命を守るために敵愾心《てきがいしん》を燃やすのは当り前で、軍人精神とか戦争謳歌《おうか》とかいう以前の問題ではないのか」という思いもありました。

なかでも吉田には、戦争協力が「みずから選んだ好戦的な活動」と解釈され、「士官となって特攻作戦にかり出され、大殺戮戦の一員となり果てるまでに、これを避ける道はいくらでもあったはずだし、それをしなかったのは、平和への意欲が稀薄だったからだ」という批判、端的には言えば「徴兵を拒否することができたはずだ」という批判を受入れることはできませんでした。

「無力な一国民にとって、戦争を憎悪することと徴兵を拒否することとの間には、越えがたい大きなミゾがあったのではないか」。そもそも、徴兵拒否の前提には、この戦争が「悪しき戦争」であるとの判断が必要となるが、戦争の正誤を判断すべき材料や機会が一般の国民に与えられることは少ない。したがって、戦争において、「みずからに召集令状がまいこむような段階では、徴兵拒否はもっとも強力な戦争否定の手段であるが、これをもって組織的な戦争非協力の極手《きめて》とすることは、空論にすぎない」というのが吉田の結論でした。

また、徴兵を受入れたとしても、「怠惰な不誠実な兵となり消極的ながら戦争非協力にはげむことは可能」だったはずだとする批判にも吉田は反論しました。徴兵拒否という反戦行為の可能性を認めるとしても、それを万人に求めることは非現実的であり、国家の存在を認めるかぎり、「その基本的な要請に国民がこたえることは、古今東西を通ず公理」と考えたからです。吉田は次のように述べています。

そのような召集拒否だけで、戦争否定が可能となるほど〝戦争〟は生やさしい敵ではなく、過去のわれわれの戦争協力だけを責めてたれりとする立場からは、また同じ過ちのくり返しが生まれるだけではないか。ダマされたといってただ他を恨みみずからを省みないものは、また必ずダマされるだろう。

（吉田満「一兵士の責任」）

召集令状が届く局面までくれば、もはや有効な対抗手段はない。ただし、それはなす術もなくあきらめるということではなく、その段階に至る戦争の準備過程で阻止しなければならないということである。重要なことは、目に見えない「戦争への傾斜」が進行していく「空気」をどのように阻止するかであるというのが吉田の主張でした。

ここに至って吉田は、「戦争への傾斜」を許す原因は、何より政治に対する無関心であることに気付きます。同時にそれは、「もし真底から戦争を憎み平和を愛していたとすれば、自分の立場に足をふまえながらも、力の限りにおいて何ものかをなしえたはずである」（「戦争協力の責任はどこにあるのか」）という自身への反省でもありました。

一般の国民には戦争協力の責任はなかったのか

では、戦争への非協力が難しいとすれば、一般の国民には戦争協力の責任はなかったことになるのでしょうか。その答えを出すことに吉田は苦悩しました。

吉田によれば、その苦悩の根拠となったのは、責任と犯罪が混同され、戦争協力が一種の犯罪行為として糾弾されるという先入観であったと言います。「犯罪と責任は常に不可分なのではなく、犯罪のないところにも責任はありうる。むしろそのような責任こそ、根の深い、本物の責任なのではあるまいか」（「一兵士の責任」）。吉田はこう述べながら、次のように続けています。

戦争協力の責任は、直接の戦闘行為あるいは、軍隊生活への忠実さだけに限定されるのではなく、さらに広汎に、われわれがみずからをそのような局面まで追いつめていったすべての行動、あらゆる段階における不作為、怠慢と怯懦《きょうだ》とを含むはずなのだ。

私の場合でいえば、戦争か平和かという無数の可能性がつみ重ねられながら一歩一歩深みに落ちていった過程を通じて、まず何よりも政治への恐るべき無関心に毒されていたことを指摘しなければならない。また国家と国民の関係について、国家の意志のあり方について、自分の問題として具体的に取り組んだことはほとんどなかったといっていいだろう。

（中略）

このような基本的な戦争協力責任、戦争否定への不作為の責任を改めて確認することが、敗戦によって国民が真に目覚めるということであるにちがいない。

（吉田満「一兵士の責任」）

戦争協力責任の実体は、「政治の動向、世論の方向に無関心のあまりその破局への道を全く無為に見のがしてきたことにある」。吉田はそう結論付けています。

愛国者としての覚悟

愛国心とは、「自国の価値をいっそう高めようとする心がけであり、その努力である」ということを本書では繰り返し述べてきました。日本の国を良くしようということは、自分自身が良くなることが前提となります。

日本は今、対外的にも国内的にもさまざまな難題に直面しています。2022年に勃発したウクライナとロシアの戦争はまだ継続しています。また、アメリカのウクライナに対するトランプ政権の対応は、日本の政治と防衛政策にも脅威を与えています。日米安全保障条約があるとしても、日本が他国から侵略された時、果たしてアメリカが日本の防衛に積極的な協力をしてくれるのかは疑問です。条約が破棄されることは歴史的にも珍しいことではありませんし、その危機感がトランプ政権によって増しているように思います。

日本はこれまでアメリカを基軸とした極東の防衛戦略の主要な役割を担ってきました。アメリカに従属することで、日本が主体的な判断をしなくても済んでしまった側面があり、国民もそれに慣れています。多くの日本人は、国防という観念すら希薄です。

しかし、ウクライナとロシアの戦争は、こうした戦後日本の体質を根底から問い直さねばならない状況をもたらしたと言えます。

もちろんここで、戦争を前提とした議論をしようというのではありません。しかし、戦争が起こり得るということを想定しながら、合理的で慎重な備えをしておくことは必要です。坂本多加雄が指摘するように、「ふだんは平静に暮らしながら、折に触れては身近な戦死者に思いを致し、こころのどこかで有事への覚悟をめぐらして、国家の武力行使の意味や、個々の場合のその当否などについて常に思索を巡らす習慣」（『求められる国家』）が大切になると思います。

坂本はこれを「政治的成熟」であると述べていますが、私たち国民には、こうした覚悟が問われると思います。ただし、その覚悟とは決して生易しいものではなく、非常に厳しいものに違いありません。しかし、この覚悟なしにこれからの日本の未来を切り拓くことはできないはずです。そして私は、国民一人ひとりが、その覚悟を持つことが愛国心の本質であると思います。

本書を終えるにあたって、最後に天野貞祐の言葉を紹介して結びとしたいと思います。

自分は愛国心というのは国をよくすることだと思う。国をよくするにはどうするか、自分をよくすること、自分をよくするにはどうするか、自分の職務を一生懸命やること、これが愛国ということだ。

（天野貞祐『人生読本』）

あとがき

最近、アメリカの政治ドラマを見ることがあります。コロナ禍で自宅にいる時間が増えた影響もあります。特に、『マダム・セクレタリー』は面白く惹きつけられました。

これは、バージニア州で大学教授として働く元ＣＩＡのエリート分析官エリザベス・マッコードが、ＣＩＡの元上司であったダルトン大統領から直々に米国国務長官に指名され、マダム・セクレタリーとなり、さまざまな外交問題を解決していくという物語です。現在の外交問題も織り交ぜたリアルなドラマでした。

このドラマを見ながら、内容とは別に二つのことが印象に残りました。

一つは、世界の主要な外交場面で、日本はほとんど相手にされていないということです。実際、中国との外交・防衛の政治的な駆け引きの場に、同盟国であるはずの日本が話題となることはほとんどありませんでした。

もう一つは、ドラマの至る所で、「ナショナリズム」「パトリオティズム」という言葉がごく自然に飛び交っていたことです。

「あなたの愛国心は尊い。でも方法が間違っている」

「私には愛国心がある。これは愛国心から出た判断だ」

「あなたに愛国心があることは認める。しかし、私の愛国心とは違う」

ドラマでは、こうしたやり取りの場面が随所にありました。

本書で述べてきたように、愛国心という言葉を口にすることさえ憚られる戦後日本の空気の中で育ってきた私にとって、こうしたやり取りは驚きであり、むしろ新鮮でさえありました。

一方で、愛国心に対して多くの議論を重ねてきた日本の歴史を振り返ると、このドラマでのやり取りは、愛国心の「安売り」のようにも感じます。

しかし、考えてみれば、元々「愛国心」とは肩の力を抜いて自然に話し合うべき問題なのではないかと思います。本書で紹介した天野貞祐の「静かなる愛国心」とは、政治的な思惑から距離を置いたところで、愛国心を冷静に考えることが必要であるということでした。

それでも、やはり愛国心は難しいテーマであることは確かです。政治的な思惑を排除するということも簡単ではありません。しかし、確実に言えることは、愛国心の問題は、単純に「好きか、嫌いか」の感情的な問題ではないということです。まして、「右か、左か」の二項対立の議論に閉じ込めてしまうべき問題でもありません。

例えば、「あなたは日本が好きか」と聞かれたら、私は「好きではない」と答えます。自分の国の政治も経済も防衛さえもアメリカに従属している日本。私たちの同胞である拉致被害者の救出さえできない日本。戦後80年の時間を経過しても、海外戦死者の遺骨収集は進まず、戦死者に対する慰霊の形さえ確立することができないでいる日本。こうした日本を私は好きにはなれません。

かつて三島由紀夫は、戦後日本を「鼻をつまみながら通りすぎた」(「果たし得ていない約束」)と述べました。私にはそこまで言い切ることはできませんが、昨今の日本の現状を見ると、三島の思いもわかるような気がします。

「では、お前には愛国心はないのか」と聞かれれば、私はためらいなく「愛国心は持ちたい」と答えます。この国を本当に良くしたいと思うからです。良くするために努力したいと思うからです。それは「好きか、きらいか」の問題ではなく、日本を愛するということは、この国に生を享けた自分の「宿命」だからです。

もちろん、一人の人間にできることはわずかです。しかし、この国を良い国にするために、私たち一人ひとりが自身の役割を果たせば、その総和は大きな力になると信じています。日本の国が良くなることの第一歩は、愛国心をめぐる居心地の悪さ、窮屈さを払拭し、もっと自由に愛国心について語ること、議論することが大切だと思います。

その意味で私は若い世代に期待しています。本書が愛国心を自由に議論するために少しでも貢献できれば、嬉しく思います。

最後に、本書の編集は『戦後日本教育史――「脱国家」化する公教育』（扶桑社新書）でもお世話になった山下徹さんにご担当いただきました。山下さんとは長いお付き合いになりますが、いつも本音で話のできる人の一人です。今回も的確で有意義な助言をいただきました。心から感謝いたします。

「戦後80年」を迎え、これからの日本のあり方、そして愛国心についての真摯な議論をしたいと思いますし、心からそう願っています。

２０２５（令和7）年3月

貝塚茂樹

引用・参考文献

浅羽道明『ナショナリズム――名著でたどる日本思想史入門』（筑摩書房、2013年）
天野貞祐『國民實踐要領』（酣燈社、1953年）
天野貞祐『信念と実践（天野貞祐全集3）』（栗田出版会、1971年）
天野貞祐『今日に生きる倫理（天野貞祐全集4）』（栗田出版会、1970年）
天野貞祐『教育論（天野貞祐全集5）』（栗田出版会、1970年）
天野貞祐『道徳教育（天野貞祐全集6）』（栗田出版会、1971年）
安澤順一郎編著『中学校道徳　内容項目の研究と実践21　4―（8）愛国心』（明治図書出版、1994年）
安澤順一郎編著『中学校道徳　内容項目の研究と実践22　4―（9）国際連帯・人類愛』（明治図書出版、1994年）
アンドレ・ゴードン編（中村政則監訳）『歴史としての戦後日本　上』（みすず書房、2001年）
市川昭午監修・編集『資料で読む　戦後日本と愛国心（全3巻）』（日本図書センター、2008〜2009年）
市川昭午『愛国心――国家・国民・教育をめぐって』（学術出版会、2011年）
井上義和『未来の戦死に向き合うためのノート』（創元社、2019年）
江藤淳「『ごっこ』の世界が終わったとき――七〇年代にわれわれが体験すること」（『諸君！』1970年1月号〈市川昭午監修『資料で読む　戦後日本と愛国心第2巻』収載、2009年〉）
江藤淳「生者の視線と死者の視線」（『諸君！』1986年4月号）
大熊信行「日本の愛国心論争」（『理想』第224号、1952年）

大熊信行「愛国心――展望と問題点」（『文部時報』第1023号、1962年8月〈市川昭午監修『資料で読む　戦後日本と愛国心第2巻』収載、2009年〉）
小熊英二『単一民族神話の起源――〈日本人〉の自画像の系譜』（新曜社、1995年）
小熊英二『〈民主〉と〈愛国〉――戦後日本のナショナリズムと公共性』（新曜社、2002年）
小熊英二・上野陽子『癒しのナショナリズム――草の根保守主義の実証研究』（慶応義塾大学出版会、2003年）
小沢牧子、長谷川孝編『「心のノート」を読み解く』（かもがわ出版、2003年）
貝塚茂樹『戦後教育改革と道徳教育問題』（日本図書センター、2001年）
貝塚茂樹『天野貞祐――道理を信じ、道理に生きる』（ミネルヴァ書房、2017年）
貝塚茂樹『戦後日本と道徳教育――教科化・教育勅語・愛国心』（ミネルヴァ書房、2020年）
貝塚茂樹『新時代の道徳教育――「考え、議論する」ための15章』（ミネルヴァ書房、2020年）
貝塚茂樹『吉田満――身捨つる程の祖国はありや』（ミネルヴァ書房、2023年）
貝塚茂樹『戦後日本教育史――「脱国家」化する公教育』（扶桑社新書、2024年）
加藤典洋『敗戦後論』（講談社、1997年）
加藤典洋『さようなら、ゴジラたち――戦後から遠く離れて』（岩波書店、2010年）
姜尚中『愛国の作法』（朝日新聞社、2006年）
北田暁大「平成リベラルの消長と功罪」（吉見俊哉編『平成史講義』筑摩書房、2019年）
G・K・チェスタトン（福田恆存・安西徹雄訳）『G・K・チェスタトン著作集1　正統とは何か』（春秋社、1973年）

久保義三『新版昭和教育史――天皇制と教育の史的展開』（東信堂、2006年）
久山康編『戦後日本精神史』（創文社、1961年）
高坂正顕『私見　期待される人間像　増補版』（筑摩書房、1966年）
佐伯啓思『国家についての考察』（飛鳥新社、2001年）
佐伯啓思『日本の愛国心――序説的考察』（NTT出版、2008年）
佐伯晴郎『日本のキリスト教に未来はあるか』（教文館、2003年）
坂本多加雄『知識人』（読売新聞社、1996年）
坂本多加雄『国家学のすすめ』（筑摩書房、2001年）
坂本多加雄『求められる国家』（小学館、2001年）
産経新聞取材班『国会議員に読ませたい「移民」と日本人』（産経新聞出版、2025年）
清水幾太郎『愛国心』（岩波書店、1950年）
将基面貴巳『愛国の構造』（岩波書店、2019年）
将基面貴巳『日本国民のための愛国の教科書』（百万年書房、2019年）
神保哲生他編『天皇と日本のナショナリズム』（春秋社、2006年）
鈴木邦男『〈愛国心〉に気をつけろ！（岩波ブックレットNo.951）』（岩波書店、2016年）
先崎彰容『ナショナリズムの復権』（筑摩書房、2013年）
竹内洋『革新幻想の戦後史』（中央公論新社、2011年）
田中耕治「『関心・意欲・態度』問題としての愛国心通知表」（『現代教育科学』2006年11月号〈市川昭午監修『資料で読む　戦後日本と愛国心第3巻』収載、2009年〉）

田中美知太郎「愛国心とナショナリズム」（『知性』１９５７年4月号〈市川昭午監修『資料で読む　戦後日本と愛国心第1巻』収載、２００８年〉）
鶴見俊輔『鶴見俊輔著作集第三巻（思想II）』（筑摩書房、１９７５年）
内閣官房内閣調査室『戦後における〝愛国心〟議論の展望（社会風潮調査資料12）』（内閣官房、１９６３年）
中島岳志『保守と立憲――世界によって私が変えられないために』（スタンド・ブックス、２０１８年）
新倉貴仁「中間層の空洞化」（吉見俊哉編『平成史講義』筑摩書房、２０１９年）
西村茂樹「尊王愛国論」（日本弘道会編『増補改訂西村茂樹全集第10巻』思文閣出版、２０１０年）
日本教職員組合編『道徳教育シリーズNo.2 愛国心』（日本教職員組合、１９６５年）
日本戦没学生記念会編『新版　第二集　きけわだつみのこえ――日本戦没学生の手記』（岩波書店、２００３年）
日本放送協会放送世論研究所編『図説　戦後世論史』（日本放送出版協会、１９７５年）
日本文化会議編『日本は国家か』（読売新聞社、１９６９年）
野坂参三「民主戦線の提唱」（『社会評論』１９４６年1月号〈市川昭午監修『資料で読む　戦後日本と愛国心第1巻』収載、２００８年〉）
白鷗遺族会編『雲ながるる果てに――戦歿海軍飛行予備学生の手記』（河出書房新社、１９６７年）
林健太郎「愛国心の理論と実践」（『自由』１９６２年10月号〈市川昭午監修『資料で読む　戦後日本と愛国心第2巻』収載、２００９年〉）
菱村幸彦「いつまで膾（なます）を吹くのか」（『現代教育科学』２００６年10月号〈市川昭午監修『資料で読む　戦後日本と愛国心第3巻』収載、２００９年〉）

菱村幸彦『戦後教育はなぜ紛糾したのか』(教育開発研究所、2010年)
日高六郎『戦後思想を考える』(岩波書店、1980年)
福田恆存「祝祭日に関し衆参両議員に訴ふ」(『潮』1966年9月号)
福田恆存企画・監修『国家意識なき日本人』(高木書房、1976年)
船山謙次『戦後道徳教育論史　上』(青木書店、1981年)
堀尾輝久「権力のイデオロギーと学習指導要領――『愛国心』問題を中心として」(『教育』1968年9月号〈市川昭午監修『資料で読む　戦後日本と愛国心第2巻』収載、2009年〉)
丸山眞男「超国家主義の論理と心理」(『世界』1946年5月号)
丸山眞男「ナショナリズム」(下中彌三郎編『政治学事典』平凡社、1954年)
丸山眞男「憲法第九条をめぐる若干の考察」(『世界』1965年6月号)
三島由紀夫「愛国心――官製のいやなことば」(朝日新聞1968年1月8日・夕刊)
三島由紀夫「果たし得ていない約束――私の中の二十五年」(サンケイ新聞1970年7月7日・夕刊)
宮本顕治「天皇制批判について」(『前衛』1946年12月号)
宗像誠也「MSAと愛国心教育――誰にも知ってもらいたい教育の中立性ということ」(『改造』第35巻第3号、1954年〈市川昭午監修『資料で読む　戦後日本と愛国心第1巻』収載、2008年〉)
百地章『憲法の常識 常識の憲法』(文春新書、2005年)
文部省編『中学校道徳の指導資料(第2学年)』(大蔵省印刷局、1967年)
柳田國男『先祖の話』(筑摩書房、1975年)
吉田満「戦没学徒の遺産」(『吉田満著作集(下巻)』文藝春秋、1986年)

吉田満「戦後日本に欠落したもの」（『吉田満著作集（下巻）』）
吉田満「七〇年代の後半に向かって」（『吉田満著作集（下巻）』）
吉田満「戦争文学者、この三十年の心情」（『吉田満著作集（下巻）』）
吉田満「戦争協力の責任はどこにあるのか――『戦艦大和』に対する批判の分析」（『吉田満著作集（下巻）』）
吉田満「一兵士の責任」（『吉田満著作集（下巻）』）
吉見俊哉編『平成史講義』（筑摩書房、2019年）
渡邉昭夫『日本の近代8　大国日本の揺らぎ　1972～』（中央公論新社、2000年）
和辻夏彦「愛国心――問題点の指摘」（『道徳と教育』第100号、1966年）

貝塚茂樹（かいづか・しげき）

武蔵野大学教授・放送大学客員教授。1963年茨城県生まれ。1993年筑波大学大学院博士課程教育学研究科単位取得退学。国立教育政策研究所主任研究官などを歴任し、現職。博士（教育学）。著書に『テーマで学ぶ日本教育史』（放送大学教育振興会）、『天野貞祐―道理を信じ、道理に生きる』、『吉田満：身捨つる程の祖国はありや』『戦後日本と道徳教育――教科化・教育勅語・愛国心』（以上ミネルヴァ書房）、『戦後日本教育史―「脱国家」化する公教育』（扶桑社新書）、『学校で学びたい日本の偉人』（育鵬社、編著）他多数。

扶桑社新書534

愛国心とは何か

発行日 2025年5月1日　初版第1刷発行

著　　者………貝塚 茂樹

発 行 者………秋尾 弘史

発 行 所………株式会社 育鵬社

〒105-0022 東京都港区海岸1-2-20 汐留ビルディング
電話03-5843-8395（編集） https://www.ikuhosha.co.jp/

株式会社 扶桑社

〒105-8070 東京都港区海岸1-2-20 汐留ビルディング
電話03-5843-8143（メールセンター）

発　　売………株式会社 扶桑社

〒105-8070 東京都港区海岸1-2-20 汐留ビルディング
（電話番号は同上）

印刷・製本………中央精版印刷株式会社

Printed in Japan　ISBN 978-4-594-09986-2
JASRAC 出 2502073-501